明治23年〜24年頃

福沢諭吉

福沢諭吉

●人と思想

鹿野 政直 著

21

CenturyBooks 清水書院

福沢諭吉について

福沢諭吉は、一八三五年に一下級武士の子として生まれ、一九〇一年に近代文明の大指導者と惜しまれながら死去した。そのかれの生きた一九世紀のとくに後半は、日本の歴史のうえでの一大転換期にあたっている。

ペリーの来航が一八五三年、明治元年が一八六八年、大日本帝国憲法発布が一八八九年、そうして日清戦争が一八九四〜九五年とつないでみると、この半世紀に行なわれた転換が、どんなに大きなものであったかがしのばれよう。封建体制のもとにあった日本は、その体制からぬけだして、近代社会へとかわりつつあり、また列強に開国をしいられた日本は、その列強の一つとなりつつあった。

日本のこのような転化すなわち近代化は、おそらく二つの特徴をもっていた。その一つは、おくれて資本主義化へのみちをすすみはじめたということである。だからそこでは、どうすればはやく先進資本主義国においつくことができるかという、いわば速度が大きな課題であった。もう一つは、アジアの国として、あるいはいいかえれば、ヨーロッパ世界以外の地域で近代化へのみちをすすみはじめたということである。それだけに日本の近代化は、ヨーロッパ世界からの圧力という受身のかたちではじまり、その仲間にくわわることをのぞんで、アジアに位置しながらアジアからはなれてしまった。

世界史のうえからみて、日本の近代化は、ほぼそのような意味をもっている。つまり一九世紀の後半の日本は、そのような世界史的な課題に一つの解答をあたえつつあった。その課題――それは日本にとって、政治的経済的思想的な課題であったが――に、明治の人びとは、意識するとしないとにかかわらず、それぞれ解答をだしてゆかなければならなかった。

福沢諭吉は、その課題にもっとも輪郭のはっきりした解答をだした一人、というよりもだした第一人者である。かれの解答は、一言でいえば西欧文明の推進ということになろう。それをやや具体的にいえば、「有形においては数理学、無形においては独立心」（『福翁自伝』）を身につけさせることであった。その「西欧文明の推進」という理念が、どういう契機でかれの内部にいだかれるようになったか、またその理念は具体的にはどんなことを意味し、さらにどんなふうにかわったか、それをわたくしは、この書物のなかで考えてみることにした。

そのように当時の日本の課題に、正面からとりくんで明確な解答をだしたことが、福沢を近代文明の指導者たらしめた。かれの奮闘的な生涯は、近代文明のためにささげられたといってよい。しかもその活躍はおそるべく多方面にわたっている。なによりもまずかれは思想家であった。そうして学者でもあった。学者としては、社会科学者であったとともに自然科学者でもあった。慶応義塾にあっては教育者であり、「時事新報」においてはジャーナリストであった。また出版社の経営者でもあった。そうしてこれら多方面に向けられた顔は、終始一貫して「文明」を追求しつづけたのであった。

この福沢諭吉の思想的生涯は三つにわけてとらえられる、とわたくしは考えている。第一期は、かれが、封建的な身分制度に疑問をいだき、その疑問に端を発して、やがて近代文明を規範として、自分の心にうちたてるにいたる時期である。かれの二七〜八歳ころまでの時期にあたる。その間にかれの足跡は、藩地である中津から、長崎・大阪・江戸・アメリカ・ヨーロッパにおよんでいる。せまい藩のなかにとじこめられているることにあきたりないで、これだけ行動範囲をひろめ、識見をひろめたのであった。学問からいっても、儒学から洋学へという転化を示しているし、その洋学でもはじめの蘭学を、やがて英学へとかえていっている。

こうした福沢の転化の過程は、封建日本の一青年が、自己を文明社会の価値意識にめざめさせてゆく好例を示している。その過程をわたくしは、「封建秩序からの脱走」としてとらえた。

第二期は、こうしてつかまれた文明の理念を基準としながら、日本社会を照らしだし批判してゆく時期である。福沢の生涯でいえば、二七〜八歳のころから四六〜七歳のころまでにあたる。文明の指導者としての福沢諭吉の名がかがやきわたったのは、この時期のことであって、その思想内容といい、その影響力といい、この時期のかれの活躍は、福沢諭吉の名を日本史上に不朽のものたらしめた。

福沢の代表的な著述とされている『西洋事情』『学問のすゝめ』『文明論之概略』があいついで刊行されたのも、この時期のことであった。それらの著述によって、かれは、文明とはどんなものか、その理念と制度を具体的に日本人につげ知らせようとした。そうして日本人を「国民《ネーション》」にそだてあげようとした。文明とは物質的なものというよりは、なによりも精神であると力説した。そのような活動によって、福沢は、いわば日本人の精神の姿勢をかえてゆこうとしたのである。数知れぬ無名の人びとが、この福沢によってめざめさせられ、勇気づけられて、意欲的にあたらしい生涯をきりひらいてゆくことができた。わたくしは、この時期の福沢を「文明像の形成と展開」としてとらえてみた。

第三期は、そののち福沢が六六歳で死去するにいたる間の時期である。文明開化の指導者としての福沢のイメージが、あまりにも圧倒的であるため、この時期の福沢のすがたはとかく軽視されやすい。しかしこの時期、元号でいえば明治一五年から三四年にいたる時期は、大日本帝国憲法の発布と日清戦争をはさみ、近代日本の進路の決定にきわめて重要な時期であった。そのとき福沢は、すくなくとも外見的には、第二期とはいちじるしくかわった思想をもってあらわれ、ほとんどもっぱら政府を激励《げきれい》し、対外政策においては、西洋「文明」にでなく西洋「列強」にならうべきをつよく説いたのであった。

その意味でこの時期の福沢の足跡は、近代日本がもったさまざまの問題、たとえば近代化はイコール西欧化であるか、国家優先か個人優先か、日本はアジアにたいしてどういう関係にたつべきかなどについて、あらためて考えなおし、また反省する材料を提供している。わたくしは、この時期の福沢を「富国強兵論への転回」としてとらえようとした。

しかししょせん、これはわたくしの福沢諭吉像である。この巨人を矮《わい》小化してとらえたであろうとするおそれが、かれを論断する一方では、たえずあった。その意味でわたくしは、この書物を読んでくださる方々が、すすんで福沢自身につかれることをのぞんでやまない。さいわいにかれの自叙伝である『福翁自伝』は、入手しやすい書物である。これは何度読んでも触発されるところのある古典である。わたくしは、読者の方々が、『福翁自伝』を読んでおどろきを体験されること、そうしてそれぞれの福沢像をうちたてられることを、つよくおねがいしたい。福沢諭吉は、今日のいそがしい人生のなかで、それだけの時間と労力をついやすに足りる巨人であることを、わたくしはうたがわない。

なお挿入した写真の半分近くは、慶応義塾塾史編纂所所蔵のものを拝借した。同所主事会田倉吉氏はじめ編纂所の方々のご厚情に心からお礼申しあげる。

一九六七年四月

鹿野政直

目　次

I

封建秩序からの脱走

少年のころ

下級武士の子

大阪の堂島といえば、いまもむかしもビジネスセンターである。江戸時代には米仲買や両替屋《りょうがえや》がのきをならべていた。その米商人に米を売るために、大名たちは、きそって堂島に蔵屋敷をおいた。蔵屋敷というのは、年貢米《ねんぐまい》やそのほか国産品を売りさばくために、大名が大阪や江戸などにもうけた倉庫兼用の取引所である。豊前《ぶぜん》国中津藩（大分県）でも、蔵屋敷を堂島玉江橋北詰にもうけていた。中津藩は、譜《ふ》代の奥平氏が支配する藩で、高は一〇万石であった。

天保五年一二月一二日（一八三五年一月一〇日）、この蔵屋敷につとめる武士福沢百助《ひゃくすけ》に男児が生まれた。百助は一三石二人扶持《ぶち》の下級藩士で、会計官吏として大阪に在勤していたのである。かれの役目は、藩地から回送してくる米を担保として、鴻池《こうのいけ》など大阪の大商人から金を借りたりすることであったが、その役目がらにも似あわず、かれは学問ずきとして藩内に有名であった。ちょうどこの男児が生まれたときも、長年さがしていた『上諭条例』という本が手にはいったばかりだったので、百助はそれにちなんで息子を諭吉《ゆきち》と名づけた。諭吉の生まれた場所は、いま大阪大学医学部の構内にあたっている。

福沢諭吉の生まれたとき、父の百助は四二歳、母の順は三〇歳であって（年は満年齢）、二人のあいだにはすでに一男三女があった。長男を三之助といい、三人の姉は上から順に礼《れい》・婉《えん》・鐘《かね》といった。末っ子として生まれた諭吉は、骨太《ほねぶと》の大きな子であった。乳さえたくさん飲ませればみごとにそだつだろうという産婆のことばをきいて、百助は、これはよい子だ、この子が一〇歳か一一歳にでもなれば、寺へやって僧侶にしよう、といつも妻にかたるのであった。

福沢諭吉誕生記念碑
（背後の建物は大阪大学医学部である）

なにごとも身分次第という封建制度のもとで、僧侶だけは、出身のいかんにかかわらず、栄達のみちのひらかれている職業であった。「中津は封建制度でチャント物を箱の中に詰めたように秩序が立て居て（中略）、何年経《たっ》ても一寸《ちっ》とも変化と云うものがない。ソコデ私の父の身になって考えて見れば、到底どんな事をしたって名を成すことは出来ない、世間を見れば茲《ここ》に坊主というものが一つある、何でもない魚屋の息子が大僧正になったと云うような者が幾人《いくら》もある話、それゆえに父が私を坊主にすると云たのは、その意味であろうと推察したことは間違いなかろう」と、福沢はのちになって、自叙伝である『福翁自伝』のなかでのべている。

封建的な身分制度は、多くの人びとから希望をうばい、一部の人びとを傲慢《ごうまん》と堕落《だらく》のうえに安住させてきた制度であった。武士階級と農工商三民とのあいだに、天地のひらきにも似た差別のあったことはいうまでもないが、そればかりでなく、おなじく特権階級である武士のあいだにも、いちじるしい身分差があった。中津藩には一五〇〇人の藩士がおり、その身分役名は一〇〇あまりにわかれていたが、これら一〇〇の役名は大きく上下二つにわかれ、下級から上級へすすむことは不可能に近かったといわれる。下級の最上等である祐筆《ゆうひつ》から上級の最下等である小姓《こしょう》組まですすんだ例は、奥平藩二五〇年のあいだに数人しかいなかった（福沢諭吉『旧藩情』一八七七年）。

福沢の父である百助も、身分制度のうらみをのんだ一人であった。幼いときから秀才の評判が高かったが、家がまずしいため、自分のしたう備後《びんご》国（広島県）福山の儒者菅茶山《かんさざん》のもとへ遊学できなかった。一生涯、かれは小禄の俗吏としてあまんじなければならなかった。息子を僧侶にしたいということばには、そういう自分の運命へのふさいだ気持ちが、おのずからにして反映していた。「門閥《もんばつ》制度は親の敵《かたき》」と福沢が後年になってのべなければならなかったゆえんである。

中津の空気

満一歳ころの福沢は、下男にだかれてよく相撲《すもう》のけいこをみにいったりした。しかし一家七人そろっての幸福な日は、長くつづかなかった。一八三六年六月（月は旧暦）に父の百助は、四四歳の若さで脳出血のため死去した（一説に自殺という）。福沢はまだ一八か月の赤ん坊にすぎなかった。母の順は五人の子どもをつれて中津へかえり、兄の三之助は一〇歳で福沢家をついだ。

急に中津へかえってみると、そこは異国も同然であった。なるほど親戚は多く、子どもにとってはいとこもたくさんいた。しかしまずことばがちがった。福沢らが「そうでおます」というところを、中津の人びとは「そうじゃちこ」という。そういうわけで、一時のめずらしさがすぎてしまうと、ろくにはなしもしないようになった。そのほかにも髪のぐあい、着物のぐあいすべてちがうので、子ども心にも人中へでるのがなんとなく恥ずかしく、ついつい家のなかで、兄弟同士であそぶようになった。子どもの福沢は、口も動作も活発であったが、木のぼりが下手なのと、泳ぎができないところから、同藩士の子どもとうちとけてあそぶことが少なかった。

男親がいないとはいえ、福沢家は折り目正しい家であった。学問ずきだった父百助のしつけがしみとおっていたせいか、母の感化力がすぐれていたせいか、子どもたちは兄弟げんかもせず、いやしいことを口にすることもなかった。母の順は、慈悲ぶかい人で、天気のいい日にはよく中津の女乞食をよびいれて、しらみをとってやったりした。母親のとったしらみを石でつぶすのが、少年の諭吉の役目であった。母はお寺まいりはすきだったが、それでいて「どうもあみださまをおがむことだけは、きまりがわるくてできぬ」といったりする婦人であった。ひとのよくゆく芝居見物なども、福沢家ではいっこうに話題にのぼらなかった。

しかし父が死んで下男下女をおくことができなくなったので、母の順は、子どものせわや炊事《すいじ》・洗濯《せんたく》などにいそがしく、教育にまで目がとどかなかった。兄と姉は、すでに父の在世中に大阪で塾へかよっていたが、次男の諭吉は、とくに読み書きをすすめられることもなく、ほうっておかれた。「誰だって本を読むことの好《すき》な子供はない。私一人本が嫌いと云うこともなかろう」というわけで(『福翁自伝』)、かれはなにもせずにいたが、さすがに一三~四歳になると、近所の子どもたちが本を読むのに、ただ一人読まぬのも外聞がわるいと思うようになった。

こうして福沢は、一三~四歳のころからようやく塾へかよいはじめた。そのころの標準でいっても晩学であったが、素質がよかったので学問はどんどんすすんだ。教わったのはもっぱら漢学で、孟子・論語からはじまって、詩経・書経や左伝・戦国策・老子・荘子を読んだ。歴史では、史記をはじめ前後漢書・元明史略などを読み、ひととおり漢学者の前座がつとまるていどに上達した。そのころの学問といえば、意味が理解できようができまいがただ読むことを主眼としたが、福沢は、意味をとることが得意であった。なお、学問とともに酒量のほうもあがっていった。

次男の境遇

そのころ福沢は、叔父の中村術平の養子となり、中村諭吉と名のっていた。封建体制のもとでは、次三男はいわば家督相続の予備員でしかなかった。かれらの最良の就職口といえば、たいてい他家の養子になることであった。父はかれを僧侶にしたいといったものの、その父も死んだのちとなっては、母は、かれを養子にやるのがいちばんしあわせなみちと考えたのであろう。といっても、かれは従来どおり福沢の家でくらしていた。

次三男が給禄体系から一応のぞかれていたということは、かれら次三男が、封建的な束縛《そくばく》から比較的にのがれやすい立場にあったことをも意味している。はやく父のあとをついでいた兄の三之助が、いわば忠誠心のかたまりであったのにたいし、養子になっていたとはいえ、次三男意識のあふれる諭吉は、そうした兄を客観的にみることができた。『福翁自伝』にみえるつぎのエピソードは、そのような両者の対比をよく示している。

中津で福沢が住んだ家
（下級武士の家はこんなものであった）

或時兄が私に問を掛けて、「お前は是《こ》れから先き何になる積《つも》りか」と云うから、私が答えて、「左様さ、先ず日本一の大金持になって思うさま金を使うて見ようと思います」と云うと、兄が苦《にが》い顔して叱ったから、私が返問《はんもん》して、「兄さんは如何《どう》なさる」と尋ねると、真面目に、「死に至るまで孝悌忠信」と唯一言で、私は「ヘーイ」と云た切り其ままになった事がある。

次男である諭吉は、封建秩序にたいし、兄の三之助よりもはるかにとらわれない態度で接することができた。兄が絶対視している既存の秩序は、諭吉にとっては相対的なものでしかなかった。「十二、三歳の頃と思う。兄が何か反故《ほご》を揃えて居る処を、私がドタバタ踏んで通った所が兄が大喝《たいかつ》一声、コリャ待てと酷《ひど》く叱り付けて、『お前は眼が見えぬか、之を見なさい、何と書いてある、奥平大膳大夫《だいぜんだゆう》（藩主）と御名があるではないか』と大造《たいそう》な剣幕だから（中略）、『私が誠に悪う御在ましたから堪忍して下さい』と御辞儀をして謝《あやま》ったけれども、心の中では謝りも何もせぬ。『何の事だろう、殿様の頭でも踏みはしなかろう、名の書いてある紙を踏んだからって構うことはなさそうなものだ』と甚《はなは》だ不平で」あった。

疑いを知った心

この不服の念は、いたずらという子どもらしいかたちで、いたるところに発揮された。

福沢は、「殿様の名の書いてある反故を踏んで悪いと云えば、神様の名のある御札を踏んだら如何《どう》だろう」と思って、人の見ないところでふんでみて、なんの罰もないことをたしかめた。そうすると度胸がついて、こんどは少しこわかったものの、お札を便所へもっていってふんでみた。やはりなんともない。「ソレャ見たことか」と思ったが、だれにもらしても叱られるから、かれはひとりで胸におさめておいた。

こうして福沢は、神罰などということを信じなくなった。神罰は大うそだと納得してしまうと、ますます不敵となって、自分の養家の稲荷《いなり》の社にはなにが入っているかとこっそりあけてみた。石が入っていた。かれは、その石をすててかわりの石をいれた。隣の下村さんの家の稲荷にはなにが入っているかとあけてみると、こちらには木の札が入っていた。かれは、これも取りすててそしらぬ顔をしていた。やがて初午《はつうま》の日がくると、これらの稲荷に、人びとはのぼりをたてたり、おみきをあげたり、そのまえで太鼓をたたいたりした。福沢には、それが馬鹿らしくてしかたがなかった。「馬鹿め、乃公《おれ》の入れて置いた石に御神酒《おみき》を上げて拝んでるとは面白いと、独《ひと》り嬉しがって居た」（『福翁自伝』）。この少年には、迷信をうけつけぬ精神がそだっていった。

そのように疑うことを知った福沢にとって、なによりも不平にたえなかったのは、厳重な門閥制度であった。子どものあそびにもそれがついてまわった。福沢が上級武士の子弟に向かって、「あなたがこうなすって」といえば、向こうは「貴様がそうしやって」というのであった。学問でも腕力でもまけはせぬという気持ちがあるだけに、かれは、子ども心にも不平でならなかった。ましてや大人の世界はなおさらのことであった。あるとき兄の三之助が家老にさしだす手紙の表書に、学者ふうに、何々様下執事《かしつじ》と書いたところ、大いに叱られ、御取次衆《おとりつぎしゅう》としたためてこいと手紙をつき返された。それをみた福沢は、ひとりくやし泣きして、「馬鹿々々しい、こんな処に誰が居るものか」とひそかに誓うのであった。それ以来、かれは、中津をはなれることをのみ念願とするようになった。兄の仲間の下級藩士のあいだでは、藩風に不平をもらすものもいたが、福沢は、なにをいってもむだだとばかり、「自分の一身は何《ど》処《こ》に行て如何《どん》な辛苦も厭《いと》わぬ、唯この中津に居ないで如何《どう》かして出て行きたいものだと、独り夫《そ》ればかり祈って居た」（『福翁自伝』）。

福沢家の裏庭にある土蔵
（少年福沢はこの二階の５畳の間で勉強したという）

洋学修業

長崎の食客書生　福沢諭吉の中津脱出の念願は、一八五四年二月にはからずもかなえられ、かれは、蘭学修業のため長崎へおもむくこととなった。

その前年の一八五三年六月に、アメリカの東インド艦隊司令長官のペリーは、黒船四隻をひきいて浦賀へ来航し、幕府にたいし開港をせまっていた。志士の佐久間象山や吉田松陰は、このときさっそく浦賀へかけつけ、彼我《ひが》の軍事力に格段の差のあることを知ったのであった。「太平のねむりをさます蒸気船、たった四杯で夜もねられず」とうたわれたのは、このころのこと、ペリー来航の衝撃はそれほど大きかった。

この衝撃の余波は、封建日本の片隅にあるこの中津藩へもやがておよんできた。藩内で西洋流の砲術を修業することの必要性が論議され、そうすると、そのためにまず原書を読める人間を養成しなければならぬということになったのである。こういうはなしが藩であって、福沢は、兄から蘭学の修業に長崎へゆくことをすすめられた。

福沢にとっては、文学修業であれ武芸の修業であれ、窮屈な中津を抜けだすことさえできれば、こんなありがたいことはなかった。『福翁自伝』の表現をかりると、「人の読むものなら横文字でも何でも読みましょう」と兄の申し出をよろこんでうけ、「如斯処《こんな》に誰が居るものか、一度出たらば鉄砲玉で、再び帰て来はしないぞ、今日こそ宜《よ》い心地《ここち》だと独り心で喜び、後向て唾《つばき》して颯々《さっさつ》と足早にかけ出した」。ときに一九歳三か月であった。

長崎での福沢は、はじめ中津藩の家老の息子奥平壱岐《いき》のいる光永寺にとめてもらっていたが、やがて奥平のせわで、長崎の地役人で砲術家の山本物次郎のもとへ、食客として住みこんだ。かれはここではじめて横文字のａｂｃを見た。これをならうのはさすがに容易でなく、アルファベット二六文字をならうのに三日かかった。

しかし福沢は、いわば苦学生の身の上であって、山本家の雑用いっさいをとりしきってはたらかなければならなかった。師匠の山本は、砲術家とはいうものの目がわるくて本を読めなかった。そこで漢文の時事論などを師匠に読んできかせるのが、福沢の第一のつとめであった。そのほかにも、朝夕の掃除はもちろん、山本の入浴のさいは背中をながし、息子に漢学を教え、山本の妻のために愛猫や愛犬のせわまでしなければならなかった。かれは、それらの雑用を骨おしみせずテキパキと片づけたので、山本にすっかり見込まれ、養子にならないかといわれるほどとなった。

こういう山本家にとっての臨時収入といえば、蔵書の砲術書などを、他家からうつさせてほしいといわれたとき、その謝料をとることであった。当時はその種の書物はたとえようもなく貴重で、それを筆写してつかうのがふつうであった。しかもその筆写も、個人の資力では手がでず、したがって筆写を申しでるのは、伊達宗城の宇和島藩とか鍋島閑叟の佐賀藩とか徳川斉昭《なりあき》の水戸藩というふうに、海防問題にとりわけ関心をいだいている諸藩であった。これらの藩の役人にたいして、福沢は山本にかわって応対した。鉄砲をうつのを見たこともない福沢であったが、かれは気転をきかせ、まるで一〇年も砲術をまなんだというような顔をして、図をひいたり説明をしたり有能ぶりを発揮した。

大阪へ

ペリー来航の衝撃の余波が、中津藩の福沢諭吉を長崎へおもむかせるまでのあいだに、政治の局面でははげしいうごきがあった。ペリーは、アメリカ合衆国大統領フィルモアの国書を幕府にわたしたのであったが、幕府は、それまでの例をやぶって、これを諸大名に示して意見をもとめた。ついで一八五三年七月には、ロシアのプーチャーチンが長崎へきて、おなじく開港をもとめた。幕府は、大船建造の禁を解き、江戸海岸に邸地のある諸大名に砲台の築造を許可するなど、あたらしい政策の実施に大わらわとなった。そのころ一八五四年正月にはペリーが艦隊をひきいてふたたび来航し、その強硬な態度のまえに、幕府は同年三月三日ついに日米和親条約をむすんで下田・函館(当時は箱館)の開港を約束した。つづいてイギリス・ロシア・オランダとのあいだにも、同様の条約をむすんでいった。

こういう情勢の進展は、志士たちの危機感を高め、長州藩の若い武士である吉田松陰は、佐久間象山の示唆によってアメリカ軍艦にのりこもうとさえするようになる。そうしていわゆる尊王攘夷運動が高まってくるのであった。このようにペリーの来航は、象山や松陰たちにふかい危機感をあたえたが、福沢諭吉のほうは、その衝撃による秩序の割れ目を利用して、封建秩序からにげだそうとしているのである。

しかし長崎留学をつづけることへの障害は、思わぬところから発生した。福沢の学力がいちじるしく進歩するのをねたんだ奥平壱岐が、家老である父の与兵衛とはかって、福沢の母が病気だという理由をつけて、かれを中津へよびもどそうとしたのである。従兄からの内報で奥平父子のたくらみを知った福沢は、不愉快至極であったが、家老に正面からはむかうことはできない。「よろしい、こうなっては江戸へいって修業しよう。江戸こそ志ある人間のゆくべきところだ」。かれはこのように決心すると、奥平壱岐のまえでは中津へかえるような顔をして別れをつげ、その実は下関へでて、そこから船で大阪へついた。一八五五年二月のことであった。かれが中津をでてからちょうど一年たっていた。ほとんど一文なしだったかれは兄のもとへいそいだ。

兄の三之助はそのころ大阪にいた。かれは、父のあとをついで蔵屋敷につとめていたのである。諭吉のはなしをききおわった三之助は、大阪で蘭学をまなぶことを諭吉にすすめ、緒方洪庵《おがたこうあん》の適々斎塾《てきてきさいじゅく》（適々塾・適塾ともいう）がいいときだしてきてくれた。洪庵は備中国（岡山県）足守《あしもり》藩士の息子で、大阪・江戸・長崎で蘭学をまなび、生理学・病理学・内科・コレラなどに関して多くの翻訳のある有名な蘭方医であった。またかれは種痘《しゅとう》の普及にも力をつくしている。洪庵は、学者としてすぐれていただけでなく、青年時代に苦学したせいもあってか、人間的にもふかくひろく、大阪・過書《かいしょ》町（今日の東区北浜三丁目）にあるかれの塾には、全国からすぐれた蘭学生があつまってきていた。

緒方洪庵の適塾の址（間口6間，奥行22間のこの屋敷は日本洋学の一大拠点であった）

『適々斎塾姓名録』には、六三七人の塾生の名前が記録されている。そのなかには、近代軍制の確立に力をつくした大村益次郎、医学者の長与専斎、日本の赤十字事業をおこした佐野常民、啓蒙学者の箕作秋坪《みつくりしゅうへい》、志士の橋本左内、戊辰《ぼしん》戦争のとき五稜郭《ごりょうかく》によった大鳥圭介、外交官の花《はな》房義質《ふさよしもと》らの名がみえている。といえば、この塾が近代日本の洋学のながれのなかで、一大水脈をかたちづくっていたことが理解されよう。一八五五年三月、福沢諭吉は三二八人目にその名を録して緒方洪庵の門弟となり、はじめて本式に蘭学をまなぶこととなった。適塾の建物は、今日、大阪大学の管理のもとに、証券街の片隅にひっそりとたたずんでいる。

家をつぐ

すぐれた師匠と熱心な学友をえて、福沢の学力は急速にすすんだ。しかし一年たたないうちに、あたらしい苦難がふたたびかれにふりかかってきた。一八五六年二月、適塾の同窓でかれもせわになっていた岸直輔《なおすけ》というひとが、腸チフスにかかり、それを看病しているうちに福沢も感染したのである。かれは、一週間ばかり人事不省という重態におちいったが、洪庵たちの手あつい看護をうけて、二か月後にかろうじて回復することができた。しかし体力はおとろえきっていた。ちょうどそのころ、兄の三之助はリューマチに苦しんでおり、そこで兄弟は保養のためにひとまず中津へかえらなければならなかった。

療養のききめがあって福沢が大阪へもどったのは、その年八月である。こんどは兄がいないので、かれは、中津屋敷の空部屋をかりて、自炊しながら適塾へかようことになった。やっとすきな学問に復帰できたとよろこんだのもつかのま、福沢は、九月一〇日ころ郷里からきた一通の手紙におどろかされた。三之助が死去したので、至急帰国するようにという文面であった。かれは、とるものもとりあえず中津へかえると、中村家へ養子となっていた自分が、もう福沢家へもどってその当主になっているのを発見するのであった。

家督を相続した福沢は、五〇日の喪に服するとともに、福沢家の主人として城門警護などのつとめにはげまなければならなかった。しかしかれの心は大阪にあった。禁断の実をたべたにひとしい若い心は、中津にうずくまっているのにたえられなかった。叔父の一人に、大阪ゆきのことをそれとなく相談するまもなく、おそろしいいきおいで叱られた。叔父の剣幕はものすごく、「怪《け》しからぬ事を申すではないか。兄の不幸で貴様が家督相続した上は、御奉公大事に勤をする筈《はず》のものだ。ソレに和蘭《おらんだ》の学問とは何たる心得違いか」とにらみつけたという（『福翁自伝』）。

思いあまった福沢は母に相談した。

「おッ母さん。今私が修業しているのはこういうあんばいで、なんとか物になるだろうと思います。この藩にいたところが、なんとしても頭の上る気づかいはない。どんなことがあっても、私は中津で朽果《くちは》てようとは思いません。お淋しいだろうけれども、どうぞ私を手放して下さらぬか」。母は気丈であった。

「ウム宜《よろ》しい。お前もよそにでて死ぬかも知れぬが、死生《しにいき》のことは一切言うことなし。どこへでもゆきなさい」。

母にこうはげまされた福沢は、家財を売って家政を整理し、わずかに母と姉とに見送ってもらって、にげるように大阪へたった。このたびは一家の主人となっているので、藩の許可をもらわなければならず、砲術修業ということでかろうじて許可をえたのであったが、知人や親戚はだれひとり見向くものもなかった。

適塾の塾長

緒方洪庵《おがたこうあん》はこの好学の青年にたいして親切であった。福沢が事情をはなすと、洪庵は、かれに原書を翻訳させるという名目で、食客としておいてくれた。そのころの緒方の塾といえば、意気さかんな青年たちのあつまりであって、勉強もするが乱暴も人一倍という気風をもっていた。そのなかで福沢は、飲酒の習慣をひどくのばした一方、懸命に勉強してやがて塾長となった。塾長というのは、塾でもっともむずかしい原書を会読するときに、その会頭をつとめる役である。つまりもっとも実力ある学生となったわけである。

緒方の塾生は、大阪では乱暴者としてとおっていた。そのころ塾に寝とまりしている学生は、五〇〜六〇人いたが、夏にはまったくのはだかでくらし、食事も立ったままですませるというふうであった。そのうえ万事に無頓着で、夏などそうめんをもらうと、それを奥でゆでてもらい、顔をあらうたらいのなかでひやしてたべるのも、平気であった。塾生たちは、牛鍋屋のために豚などをころしてやっては、お礼にその頭をもらってかえり、「先ず解剖的に脳だの眼だの能《よ》く〳〵調べて、散々いじくった跡を煮て喰た」りした(『福翁自伝』)。いたずらをするさいには諭吉もたいていくわわり、企画がかりをつとめた。

しかし塾生の勉強は猛烈をきわめたものであった。毎月六回ずつオランダ書の会読を行なったが、塾中の等級を七〜八級にわけてあるその各級で、三か月つづけて一位をしめておれば登級できるというしくみであったので、いやでも応でも勉強しなければならなかった。かれらは、まともにふとんを敷き枕をしてねむったことがないほどに勉学にいそしんだ。

そのころの洋学生にとって最大の困難は、原書を手にする機会にめぐまれにくいということであった。初学のものには、江戸で翻刻になっている文法書などをつかったが、その課程をおえていよいよ書物を読むようになると、塾生たちはそれをみな筆写しなければならなかった。この適塾でも原書はわずか一〇部たらずしかなかった。辞書も、ズーフという写本の辞書が一部と、ウエーランドという原書の辞書が一部あるきりであった。だから塾生は、ズーフ部屋とよんでいた辞書室へあつまって、交代で辞書をひきつつ、しばしば夜を徹してオランダの物理書や医学書に読みふけった。大名家から申しこみがあって、この辞書をうつすことが、かれらのアルバイトとなった。こういうなかで福沢のなかには、無神論的な精神、また中国の学問とくに儒学をにくむ精神がそだっていった。

内外の政情

福沢が適塾で勉学にいそしんでいるあいだに、日本の政治情勢は急速にかわりつつあった。一八五六年、日米和親条約にもとづいて、アメリカの駐日総領事タウンゼント＝ハリスが着任し、幕府に通商条約の締結をせまっていた。幕府は、国内の反対をおそれて会談を延期しつづけたが、ついに一八五八年正月、ハリスとのあいだに日米修好通商条約を議了した。そのおもな内容は、公使・領事の交換、神奈川・長崎・新潟・兵庫の開港と江戸・大阪の開市、自由勝手貿易の制定、領事裁判権などで、貿易章程により関税率も定められた。幕府はこの条約の勅許をもとめたが、尊王攘夷派に擁せられた朝廷は、条約調印の不可を指示した。

他方において、このころ将軍継嗣《けいし》の問題が政治の大きな争点となりつつあった。ときの一三代将軍徳川家定は病弱で子がなく、その継嗣について二つの派があらそっていたのである。一つは将軍に近い血縁の紀州の徳川慶福《よしとみ》をたてようとする派であり、他は賢明との評判の高い一橋慶喜《よしのぶ》をおそうとする派であった。慶喜は水戸の徳川斉昭《なりあき》の子で、したがって水戸派や改革派諸侯や志士たちが、かれをたてようとした。適塾の出身である橋本左内は、この慶喜擁立派の参謀役をつとめていた。

ひるがえって海外をみると、アヘン戦争がおこったのは一八四〇年であったが、そののち清国《しんこく》では一八五〇年に太平天国の乱がおこり、それはまだつづいていた。また五六年には、いわゆるアロー号事件がおこっている。この事件は、イギリス人を船長とする（船主と乗組員は中国人）アロー号という小型船が、海賊のうたがいで中国官憲に臨検され、そのイギリス国旗がひきおろされた事件である。この事件を国旗への侮辱《ぶじょく》として、イギリスは中国にせまって、アヘン輸入の合法性をみとめさせた。つづいて一八五七年には、インドに、イギリスの支配に反対するセポイの反乱がおこっている。西欧にたいするアジアの抵抗はつよまりつつあり、それをおしつぶそうとする西欧の圧力もましつつあった。

こういう情勢のもと、幕府の危機を一挙に解決するために、一八五八年四月、彦根藩主井伊直弼《いいなおすけ》が大老に起用された。井伊は、勅許をまたずに日米修好通商条約に調印し、つづいて徳川慶福を将軍の継嗣と決定して発表した。幕府はイギリス・ロシア・オランダとも同様の条約をむすんだ。やがて安政の大獄**といわれる**大弾圧がはじまり、徳川斉昭・一橋慶喜らが処罰されるとともに、多くの志士がとらえられて処刑された。小浜《おばま》藩士梅田雲浜《うんぴん》は獄死し、越前藩士で福沢とは適塾で同門の橋本左内は一八五九年一〇月上旬に、また長州藩士吉田松陰は同月下旬に、それぞれ斬首《ざんしゅ》された。

江戸に塾を開く

安政の大獄がはじまったころ、一八五八年一〇月中旬、福沢諭吉は江戸へついた。そのころには中津藩でも、江戸の藩邸で蘭学を教えるようになっていた。はじめは他藩の学者がまねかれていたが、むしろ藩中の福沢をよべということになって、かれがまねかれたのであった。それより二年まえの一八五六年に、かれが逃げるようにして大阪へおもむいたことを思えば、時勢のはげしい変化が想像できよう。

福沢は、築地・鉄砲洲《てっぽうず》の奥平家の中屋敷の長屋にはいり、自炊生活をはじめた。そのうちに藩中の子弟が三人五人ずつまなびにくるようになり、また他から五〜六人もくるものができたので、それらの子弟に蘭学をおしえた。これが慶応義塾の起源である。福沢のはいった長屋は、下が六畳一室で、二階には一五畳ばかりの間があり、上には塾生がおり、その下の六畳に畳が三畳敷いてあって、二畳のところに福沢がおり、片隅の一畳に書生をおいて炊事をさせた。

大阪から江戸へでるについては、福沢には、大阪の書生は江戸へまなびにゆくのではない、おしえにゆくのだという自負があった。江戸へきた当初は、なかば他流試合のつもりで有名な蘭学者をたずねては、蘭書のうちむずかしそうな箇所をききにいって、その学者の読みそこなうのをみて、江戸の学者もさほどおそれることはないと思ったりした。

江戸での蘭学の名家は桂川《かつらがわ》家であった。桂川家は、初代の甫筑《ほちく》から連綿とつづいた日本における蘭学の本山ともいうべき家柄であって、当主は七代の甫周《ほしゅう》であった。福沢はこの桂川家にも出入りし、甫周の二女ではやく母を失ったみねの相手をして、はなしをきかせたり、まだ四〜五歳の彼女をおぶって外出したりした。いたずらざかりの彼女は、甫周のまえできちんとすわってはなしをきいている福沢の足袋《たび》の穴をみつけては、松葉をたばにして突ついたりするのだった。

それでもみねの目には、福沢は目立つ若者とみえた。ふところは本でいっぱいにふくらんでいて、いつも本のことを心にかけていた。桂川家から洋書を借りていっても、写すのに他の人なら一〜二か月もかかるのを、かれは四〜五日から六〜七日で返しにくるのであった。子どもにたいしてもきげんをとるふうがなく、おしえてゆくという気骨があったので、子ども心にもみねは、福沢が先生のような気がした（今泉みね『名ごりの夢』）。

英学へ移る

一八五九年は、日本がアメリカ・オランダ・ロシア・イギリス・フランスの五か国とむすんだ修好通商条約の規定によって、長崎・神奈川（実際には横浜）・函館の三港がひらかれた年である。諭吉は、ひらけたばかりの横浜へ見物にいった。「其時の横浜と云うものは外国人がチラホラ来て居る丈《だ》けで、掘立小屋見たような家が諸方にチョイ〳〵出来て、外国人が其処に住《すまっ》て店を出して居る。其処《そこ》へ行て見た所が一寸《ちっ》とも言葉が通じない。此方《こちら》の云うことも分らなければ、彼方《あっち》の云うことも勿論《もちろん》分らない。店の看板も読めなければ、ビンの貼紙も分らぬ」というありさまで（『福翁自伝』）、福沢は愕然《がくぜん》としてしまった。

歩きつづけて江戸へかえった福沢は、じつに落胆していた。それまで数年間死にものぐるいで勉強してきたオランダの学問が、全然やくにたたないのである。鎖国の時代には、オランダだけがヨーロッパであり、ヨーロッパの学問に接したい人びとは、オランダ語をまなぶよりほかはなかった。しかしその鎖国が解かれてみると、世界はオランダだけではないということを、かれは痛切に思い知ったのである。今後は英語でなければならぬ。「此後は英語を読むより外に仕方がないと、横浜から帰た翌日だ、一度《ひとたび》は落胆したが同時に又新《あらた》に志を発して、夫《そ》れから以来は一切万事英語と覚悟を極め」た（『福翁自伝』）。

そう決心した福沢は、さっそく英語の勉強にとりかかった。しかしこの時代に英語をまなぶのはよほど困難なことであった。幕府の役人の森山《もりやま》多吉郎《きちろう》が英語ができるというので、鉄砲洲《てつぽうず》からかれのすむ小石川まで二里の道をかよったが、森山は多忙をきわめていてどうしてもおしえる暇がない。そこで幕府の洋学校である蕃書調所《ばんしょしらべしょ》へ入門したが、辞書を貸しださないので、ここは一日で断念した。そのあげくは、中津藩にたのんで英蘭辞書を買ってもらい、同学の友をつのって、自学自習にはげんだ。ただ発音には苦しんだので、英語を知っているという長崎からきた子どもに発音をならったり、漂流人が帰国したときくとその宿屋へたずねていったり、いろいろの苦労をかさねた。

尊王攘夷とその弾圧にあけくれるあわただしい政治情勢をよそに、福沢諭吉の目は、横文字をとおして海のかなたへと見ひらかれていた。

遣米大使一行が，ホワイトハウスで大統領ブカナンに謁見
（日本がわは衣冠束帯である）

欧米旅行

第一回の渡米

一八六〇年に咸臨丸《かんりんまる》が太平洋をわたった。その咸臨丸は、日米修好通商条約の批准書《ひじゅんしょ》を交換するための全権団が、アメリカから迎えにきたポーハタン号という軍艦にのって渡航したさいに、その随行というかたちで、日本人の航海技術によって太平洋を横断したのである。全権団の正使は新見《しんみ》豊前守《ぶぜんのかみ》正興、副使は村垣淡路守範正《のりまさ》であった。

咸臨丸は、幕府がオランダから買いいれた小型の汽船で、遠洋航海には帆を用いて運転した。その軍艦に、艦長としてときの軍艦奉行木村摂津守喜毅《よしたけ》がのりこみ、勝海舟が指揮官となった。その木村摂津《せっつ》守の従僕として、咸臨丸上に福沢諭吉の顔がみられた。つてをもとめてみずからすすんで一行にくわわったのである。

「牢屋に這入《はいっ》て毎日毎夜、大地震に遇《あっ》て居る」ような航海ののち、三七日かかってサンフランシスコへついた。

サンフランシスコでは市長以下が大歓迎した。日本人が魚ずきということを知っていて毎日のように魚をもってきてくれたり、風呂ずきだというので風呂も毎日たててくれたりした。このときニューヨークにいた詩人のウオルト＝ホイットマンは、馬車でブロードウェイをかける日本使節をながめ、"A Broadway Pageant"（大通りの行列）という長い詩をつくって、歓迎の気持ちをあらわしている。

しかし風俗がちがうというのはおそろしいもので、万事にとまどうことばかりであった。馬車をみてもそれが何であるか理解に苦しんだ。「其処《そこ》に車があって馬が付て居れば乗物だと云うことは分りそうなものだが」、それがわからず、「戸を開《あ》けて這入《はい》ると馬が駈出す。成程是《こ》れは馬の挽《ひ》く車だと始めて」わかるというわけで、一事が万事そのとおり、「日本を出るまでは天下独歩、眼中人なし怖い者なしと威張《いばっ》て居た磊落《らいらく》書生も、始めて亜米利加に来て花嫁のように小さくなって仕舞た」（『福翁自伝』）。

文明の発見

封建社会に生きている人間が、急に近代資本主義社会へなげこまれたら、どういう内的な葛藤《かっとう》を経験しなければならないか、遣米大使一行の旅行は、いわばその実験台の観を呈している。福沢諭吉は、「女尊男卑」の風俗におどろき、鉄の多いのにおどろき、物価の高いのにおどろいた。鉄は日本では貴重品で、江戸に火事があると焼け跡に釘ひろいがたくさんでるほどだった。しかし洋学をまなんできたかれは、アメリカ人がみせてくれる工業や機械類にはおどろかなかった。

もっとも不思議であったのは、社会上のことである。あるとき福沢がふと思いついて、いまワシントンの子孫がどうなっているかとたずねたところが、ワシントンの子孫には女があるはずで（じっさいには子がない）、いまどうしているか知らないが、だれかの妻になっているはずだ、といかにも冷淡なこたえがかえってきた。「勿論《もちろん》私も亜米利加《あめりか》は共和国、大統領は四年交代と云うことは百も承知のことながら、華盛頓《ワシントン》の子孫と云えば大変な者に違いないと思うたのは、此方《こっち》の脳中には源頼朝、徳川家康と云うような考があって、ソレから割出して聞た所が、今の通りの答に驚いて、是れは不思議と思うた」のであった（『福翁自伝』）。これはいわば文明の発見であった。

しかしアメリカへわたったすべての人が、こうした体験をもったのではない。遣米副使の村垣範正は、『航海日記』というかなり丹念な日記をのこしている。それによると、一行がワシントンへつき大統領ブカナンに謁見《えっけん》したとき、かれはこういう感想をいだいた。「大統領は七十有余の老翁、白髪穏和にして威権《いげん》もあり。されど商人も同じく、黒羅紗《くろらしゃ》の筒袖股引《つつそでまたびき》、何の餝《かざり》もなく、太刀もなし」。やがてアメリカの議会を見学にゆく。「衆議最中なり。国政のやんごとなき評議なれど、例のもゝ引掛筒袖にて、大音に罵《ののし》るさま、副統領の高き所に居る体杯、我日本橋の魚市のさまによく似たり」。

このようにいままで生きてきた社会の価値意識を絶対的な基準として、文明に反発する人もいた。数としてはそのほうが多かったであろう。かれらは、いわば封建社会というものに疑問をいだかなかったのである。それとは対蹠《たいしょ》的に、福沢諭吉は、封建社会の秩序に疑問を感じそれからぬけだそうともしてきたがゆえ

サンフランシスコでアメリカ娘と一緒の福沢（かれは，帰途の船中でこれをひろうして自慢した）

に、近代文明に接したときに、それにめざめることができたわけである。封建秩序からの脱走をもくろんできたかれは、ここで文明へという方向をあたえられたことになる。

福沢らは、サンフランシスコで使節一行とわかれ、ふたたび咸臨丸にのって、往路とちがってこんどは「何《ど》うやら斯《こ》うやら布哇《ハワイ》を捜出《さがしだ》して、其処へ寄港し」たのち、浦賀へ帰港した。かれのアメリカみやげは、ウエブスターの辞書一冊であった。

外国方に雇われる

福沢諭吉がアメリカへたったのは、一八六〇年の正月のこと、帰国は同年の五月であったから、半年たらずの海外旅行であった。その間に日本国内では桜田門外の変がおこって大老井伊直弼は横死をとげ、元号は安政から万延にかわっていた。井伊暗殺をきっかけとして尊王攘夷運動はふたたびもりあがり、それに対応するために、幕府はときの孝明天皇の妹和宮《かずのみや》を将軍家茂《いえもち》にとつがせようとくわだてていた。この結婚は六二年二月に実現する。他方、尊攘の志士たちは外国人にたいするテロ行為をつぎつぎにくわだて、六〇年末には米人ヒュースケンが暗殺され、六一年にはイギリス公使らがおそわれるいわゆる高輪・東禅寺事件がおこった。またロシア軍艦が対馬《つしま》へ来航して、基地の建設をくわだてた。

こういうなかで、しかしながら洋学にこころざす人びともふえていった。福沢の塾の塾生は増加していった。帰国してからは、塾の教授も英書中心にきりかえた。英書は福沢自身にもまだむずかしかったが、英蘭辞書をたよりに勉強をつづけた。その勉強の結果は、一八六〇年八月に『増訂華英通語』となってあらわれた。この書物は、かれがサンフランシスコでもとめてきた清国人子卿著『華英通語』に、日本の片仮名で発音と訳語をつけたものである。できるだけ英語の発音を正確にうつそうとして、ヴやヴの字をつくったり、breakfast をブレッキ、フハーストというように、文字の大小や読点を用いたりしている。福沢の最初の出版物であった。

こうして英学者としてみとめられてきたせいでもあろうか、一八六〇年に、福沢は、幕府の外国方にやとわれた。その仕事は、イギリス公使・アメリカ公使などから幕府へくる外交文書を翻訳することであった。幕府はこういう特殊技能者に不足をきたしていたので、かれのような陪臣《ばいしん》（大名の家来）をやとったのである。この仕事は大いにかれの勉強にもなり、またかれは、幕府の書物を自由に読む便宜もえた。かれの翻訳した外交文書は、いまのせられて『福沢諭吉全集』第二〇巻にある。有能で励精《れいせい》な翻訳官であったと思われる。

その翌年一八六一年の前半に、福沢諭吉は、おなじ中津藩士土岐《とき》太郎八の二女錦《きん》と結婚した。土岐家は三〇〇石の大家であったが、太郎八は福沢をみこみこの縁組となったのである。かれは二七歳、錦は一六歳であった。結婚にさいしてかれは芝・新銭座へ転居した。夫妻はのちに四男五女あわせて九人の子どもをもった。

遣欧使節に随行

この一八六一年もおしつまった一二月二〇日、幕府は総勢四〇人ほどより成る遣欧使節を発令した。これは、一八五八年の五か国条約でとりきめられた条項のうち、江戸・大阪の開市と兵庫の開港を延期してもらいたいとの意をもってのことであった。尊王攘夷論がたかまるにつれて、幕府はその延期を諸国にもとめようとしたのである。正使には竹内下野守その他副使以下が任命されて、福沢諭吉は、松木《まつき》弘安《こうあん》・箕作秋坪とともに反訳方に任ぜられた。松木はのちに寺島宗則となのり、外務卿として条約改正を担当した人物である。また一行のうちには、のちに東京日日新聞をおこした福地源一郎が、通訳としてくわわっていた。

一行は、イギリス軍艦オージン号で品川を出帆、インド洋から紅海に入り、スエズに上陸してカイロ経由でアレキサンドリアへゆき、ふたたび乗船して地中海をマルセイユへ航海し、それよりフランス・イギリス・オランダ・ドイツ・ロシア・ポルトガル六か国の首府をめぐって、帰路はフランス船で、一八六二年一二月に帰国した。開市・開港延期の交渉は各国の承諾をえたが、そのかわり日本は、ヨーロッパ諸国の製品の日本への輸入税を減じなければならなかった。また一行の滞欧中に生麦事件がおこって、イギリス人リチャードソンらが薩摩藩士に殺傷されたため、それ以後各国から冷遇されたりした。

一行にまつわる珍談も少なくない。「日本出発前に外国は何でも食物が不自由だからと云うので、白米を箱に詰めて何百箱の兵糧を貯へ、又旅中止宿《ししゅく》の用意と云うので、廊下に燈《とも》す金行燈《かなあんどん》＝二尺四方もある鉄網作りの行燈を何十台も作り、其外提灯・手燭《てしょく》・ボンボリ・蠟燭《ろうそく》に至るまで一切取揃えて船に積込んだ其趣向は、大名が東海道を通行して宿駅の本陣に止宿する位の胸算」であったが、いざパリへついてみると、その旅館は五階づくり六〇〇室、「無数の瓦斯《がす》燈《とう》は室内廊下を照らして日の暮るるを知らず、食堂には山海の珍味を並べて、如何なる西洋嫌いも口腹に攘夷の念はない」、日本からはるばるもってきた品物は全部、接待がかりの下役にただでもらってもらった（『福翁自伝』）。

文明を規範とする

しかしこの旅行は、福沢諭吉にとっては大きな収穫をもたらした。かれの関心は、アメリカ旅行のさいとおなじく、おもに社会上のことに向けられた。「例えばココに病院と云うものがある、所で其入費の金はどんな塩梅《あんばい》にして誰が出して居るのか、又銀行《バンク》と云うものがあって其金の支出入は如何《どう》して居るか、郵便法が行《おこなわ》れて居て其法は如何《どう》云う趣向にしてあるのか、仏蘭西では徴兵令を厲行《れいこう》して居るが英吉利《いぎりす》には徴兵令がないと云う、其徴兵令と云うのは、抑《そもそも》如何云う趣向にしてあるのか、其辺の事情が頓《とん》と分らない」。こういうことをこそ、かれは知ろうとした。

なかでも「政治上の選挙法と云うような事が皆無《かいむ》分らない。分らないから選挙法とは如何《どん》な法律で議院と

オランダで同行者とともに
（右から２番目が福沢である）

は如何《どん》な役所かと尋《たず》ねると、彼方の人は只《ただ》笑て居る、何を聞くのか分り切った事だと云うような訳《わけ》。ソレが此方では分らなくてどうにも始末が付かない。又党派には保守党と自由党と徒党のようなものがあって、雙方《そうほう》負けず劣らず鎬《しのぎ》を削《けず》って争うて居ると云う。何の事だ、太平無事の天下に政治上の喧嘩をして居ると云う。サア分らない」。こういうことが「略《ほゞ》分るようになろうと云うまでには骨の折れた話で、其謂《いわ》れ因縁が少しずつ分るようになって来て、入組んだ事柄になると五日も十日も掛ってヤット胸に落ると云うような訳で、ソレが今度洋行の利益」であった（以上『福翁自伝』）。そのうえかれは旅費の大部分をさいて洋書を買いこんできた。

福沢は、この旅行によって、資本主義文明とその政治形態としての議会政治、その原理としてのデモクラシーの理念にめざめたのであった。そのことは、第一回の海外旅行における疑問「なぜアメリカ人はワシントンの子孫に冷淡であるか」に、徹底的な解答があたえられたことにほかならなかった。その意味でこの旅行は、かれのそれまでの生涯の一つの決算としての意味をもっていた。

封建日本が西欧資本主義社会からの衝撃にたいして、どのように対応したかは、日本の近代の性格を考えるうえに重要な問題の一つである。その当時の代表的な思想家は、この問題をどう考えていただろうか。

佐久間象山は、「東洋の道徳、西洋の芸術」ということばをのこしている。ここに「芸術」というのは、今日の「技術」という意味である。つまりこのことばは、西欧文明の導入を技術の面・物質的な面に限定し、倫理の面・精神の面では従来の儒教道徳をまもってゆくということを意味している。橋本左内は、「器械芸術は彼に取り、仁義忠孝は我に存す」とのべている。やはり同様の意味である。また肥後藩の学者で左内に影響をあたえた横井小楠《よこいしょうなん》は、「堯舜孔子《ぎょうしゅんこうし》の道を明らかにし、西洋器械の術を尽す」といっている。

これらのことばには多少のニュアンスがある。しかしほぼ共通している点は、精神面では封建道徳を維持しようとする姿勢である。その結果、かれらは、かれらが導入しようとしている物質文明を生みだした精神については、大体において目をとざしていたのである。こういう思考方法は、菅原道真のいった和魂漢才《わこんかんさい》という表現にならって、和魂洋才《わこんようさい》とよばれている。

この点において福沢諭吉は、同時代の他のほとんどあらゆる思想家からことなっていた。かれは、こうした思想家とはまったく対蹠《たいしょ》的に、近代資本主義文明をば、それを生みだした精神から理解しようとした。それはおそらく、佐久間象山らが志士的な自覚を出発点としていたのに反し、福沢が封建秩序からの脱走をもとめて、ここに到達したというちがいによるものであろう。

ともあれ、こうして福沢諭吉は、封建秩序からの脱走の結果として、資本主義社会というまったく別個の秩序のイメージをいだくことができたのであった。その過程は、封建社会に生をうけた一青年が、既存の秩序からの脱却をめざして、ついにまったく別個の秩序のイメージを、規範として自分の内部に確立するにいたる一つの典型を示していた。

Ⅱ　文明像の形成と展開

『西洋事情』前後

幕臣となる

福沢諭吉の名は西欧文明と密接にむすびついている。かれ一流のあけすけな表現を借りるなら、「西洋流の一手販売、特別エゼント」であった（『福翁自伝』）。ヨーロッパから帰国したかれは二八歳になっていた。そうして、文明という観念を自己の内部にうちたてたという意味では、その思想形成をおえていた。それではかれは、この文明という観念をひっさげて、封建色ゆたかな日本にいかにたち向かっていっただろうか。

福沢が帰国した一八六二年末から六三年にかけては、尊攘運動が最盛期に達したころであった。尊王攘夷派に擁《よう》せられた朝廷は、幕府に攘夷の実行をせまり、幕府はやむをえず六三年五月一〇日をもって攘夷期日とするむね朝廷にこたえた。尊攘派の急先鋒である長州藩では、この日を期して、下関海峡を通過する外国船を砲撃しはじめ、他方、薩摩藩は、生麦事件の報復に来航したイギリス艦隊と砲火をまじえた。

しかし京都における尊攘派の全盛は、一八六三年のいわゆる八月一八日の政変をもっておわり、尊攘派は京都をおわれた。その退勢《たいせい》を回復しようとあせった長州藩の尊攘派は、翌年七月、皇居に大砲をうちこみ、完全に朝敵のすがたとなってしまった。折からアメリカ・イギリス・フランス・オランダの連合艦隊は、前年の報復のため下関を砲撃し、一時は陸戦隊を上陸させた。また幕府は征長令を発して、長州藩を屈服させた。

こういう試練をうけた長州藩では、単純な攘夷は不可能とさとり、幕府をたおそうとするいわゆる倒幕論がさかんとなった。これにたいして幕府は、一八六五年から六六年にかけ、第二次征長軍をおこしたが、薩長連合をなしとげ庶民を武装した長州藩のために、逆に敗北を喫《きっ》した。そのさなか、一八六六年七月に将軍家茂が死去し、一橋慶喜があとをついで第一五代将軍となった。

そのころアメリカ合衆国は、南北戦争のため日本に積極的に介入する余力をもたなかった。一方、イギリスは、幕府に見切りをつけて、薩摩・長州両藩の力によって日本を安定させようとし、薩長両藩も一八六四年以降、積極的にイギリスに接近した。イギリスと対抗するナポレオン三世のフランスは、逆に幕府を支持し、幕府に借款《しゃっかん》をあたえて日本に支配の手をのばそうとしていた。

福沢諭吉はこういう政争に直接にはかかわらなかった。尊王攘夷運動は、西欧列強の圧力に抵抗するナショナリズムとしての面をもっていたが、福沢はその点を理解できなかった。かれは、明治維新になるまで志士たちの運動を、「古風一天張りの攘夷」「国を亡ぼし兼ねぬ奴等」と思っていた(『福翁自伝』)。この点について、かれは当時の自分の立場をつぎのようであったと説明している。

第一、私は幕府の門閥圧制鎖国主義が極々嫌いで之に力を尽す気はない。

第二、左ればとて彼の勤王家と云う一類を見れば、幕府より尚お一層甚《はなは》だしい攘夷論で、こんな乱暴者を助ける気は固よりない。

第三、東西二派の理非曲直は姑《しばら》く擱置《さてお》き、男子が所謂《いわゆる》宿昔青雲の志を達するは乱世に在り、勤王でも佐幕でも試みに当って砕けると云うが書生の事であるが、私には其性質習慣がない（『福翁自伝』）。

しかし実際の福沢は、激化してゆく政争に無関係でもなければ、無関心でもなかったようである。かれは、あいかわらず幕府の外国方にやとわれていて、外交文書の翻訳をつづけた。こうしてかれは、政争が対外関係におよぼす動向を裏面からつくづく観察することができたわけである。そのうちかれの有能さがみとめられたせいであろう、一八六四年一〇月、幕府から召しだされて外国奉行翻訳方を命じられ、一五〇俵をもらうこととなった。そのことは、かれが幕府の直臣《じきしん》となったことである。この件につき、一一月には中津藩主から幕府に請書をさしだしている。

幕藩体制は、本来、身分制度のうえにたつ制度であったが、その危機のせまった一九世紀の中ごろには、幕府は、身分にかかわらず有能な人材をさかんに登用した。長崎の医師の息子福地源一郎もそうであり、但馬国（兵庫県）出石藩の兵学師範家の息子加藤弘之もそうであり、石見国（島根県）津和野藩の医師の子西周《にしあまね》もそうであった。中津藩の下級藩士の子福沢諭吉もまた、その列にくわわったのである。かれらの登用はいずれも洋学にたいする造詣《ぞうけい》を買われてのことであった。来客が急に「殿様はお内か」というようになったので、取次ぎの下女がまごついたという。

攘夷ぎらい

幕臣となってからも福沢は、外交文書の翻訳に従事したが、みずからがいだいていた文明像をもって、当時の政情にたいする意見をときおりのべることもあった。その政治思想をつらぬくのは、徹底した攘夷ぎらいの念であった。

一八六五年に福沢は「唐人往来」という文章をものしている。このなかでかれは、「日本一国に限り自から神国などと唱え、世間の交を嫌い、独り鎖籠《とじこも》りて外国人を追払わんとするは如何にも不都合ならずや」と、攘夷論をアナクロニズムとかたづけ、志士たちを一種の山師と位置づけた。福沢からそのように評価された志士たちは、たとえばアヘン戦争によるイギリスの中国侵略に切実な危機感をもって、尊王攘夷運動にのりだすようになっていたのであるが、福沢によれば、このアヘン戦争なども、「全く唐人が世間見ずにて道理を押立つることを知らざる己《おの》が不調法」で「自業自得」なのであった。

こういう攘夷ぎらいの念は、年とともに高まっていったとみえ、一八六六年、幕府が長州再征を行なっているさなかには、幕府に建白書をだして、尊王攘夷論を「虚誕の妄説」と批判している。建白書のなかで福沢は、この戦争が「全日本国内争乱の基を開き、四分五裂、再び挽回《ばんかい》すべからざるの形勢と相成」ることをおそれ、「長賊」（長州藩のこと）の罪状を世界につげ知らせるべきだと主張した。しかも長州藩をうちやぶるために、外国の兵力を借りるようにとの策をのべている。そのための費用は外国から借りるにしても、防長二州をとりつぶすならば、そこからあがる収入でこの借財は二〇年でみなすますことができるだろうともの べるほどであった。

ここにはたしかに福沢諭吉の錯誤があった。かれは、尊王攘夷論がもっていたナショナリズムのエネルギーを全然評価していない。これを、たんなる保守反動で日本の文明化への障害物としてしか、とらえていない。そのために、日本の文明化への熱情をもつはずの福沢は、この時点では、幕府のもっとも熱烈な擁護者の一人になっていた。かれは、主観的には「親玉《おやだま》（将軍の事）の御師匠番《おししょうばん》になって、思う様に文明開国の説を吹込んで大変革をさして見たい」と思っていたであろう（『福翁自伝』）。しかし事実としては尊王攘夷論の敵対物のがわにたっていた。それほどにかれにおいて、文明開国の理念は熱烈なものとなっていたのである。その理念を世に知らせるべく、かれは著述活動のほうにしだいに自分の分野をきりひらいていった。

西洋事情　その著述活動のうちでは、幕末には、『西洋事情』が代表作である。『西洋事情』は初編三冊・外編三冊・二編四冊より成り、それぞれ一八六六年・六七年（発売は六八年か）・七〇年の刊行である。初編は三冊そろいで定価三分であった。この書物は非常に売れ、福沢自身のことばを借りれば、「其初編の如き著者の手より発売したる部数も十五万部に下らず、之に加うるに当時上方辺《あたり》流行の偽《ぎ》版《はん》を以《もっ》てすれば二十万乃至《ないし》二十五万部は間違いなかる可《べ》し」といわれるほど世にひろく行なわれた（『福沢全集緒言』）。一八六七年一〇月に土佐藩士の後藤象二郎が、将軍徳川慶喜に大政奉還を説いたとき、慶喜がすでに『西洋事情』を読んでいたのを知りおどろいたという。

この書物は、日本人を西洋社会の大勢につうじさせるために書かれたものである。内容からいえば二つにわかれ、その一つは、西洋社会の制度や社会状態や理念についての一般的な紹介であり、他は、アメリカ・オランダ・イギリス・ロシア・フランス各国についてそれぞれの歴史と現状をのべた部分である。西洋での出版物、たとえば Chambers' Educational Course, Political Economy for use in schools, and for private instruction そのほかの書物を参照して書かれたものであるが、福沢の問題意識は、あくまでも、西欧社会つまりことなった社会に接したさいの自分のおどろき、そのおどろきからひきだされてきた発見を人びとにつたえようとするところにあった。そのようなつよい主体性にささえられていたために、この書物は、たんなる翻案とはならなかったし、また今日でもなお新鮮さを失わず、読むものの心にある種の感動をさそうのである。

制度と理念への関心

『西洋事情』の第一の特色は、西洋の制度へのふかい関心であった。福沢は、この書物初編のはしがきにつぎのように記している。

独り洋外の文学技芸を講窮するのみにて、其各国の政治風俗如何を詳《つまびらか》にせざれば、仮令《たと》い其学芸を得たりとも、其経国の本《もと》に反《かえ》らざるを以て、啻《ただ》に実用に益なきのみならず、却《かえっ》て害を招んも亦計《またはか》るべからず。

そのことは、福沢が、近代資本主義社会という秩序を価値の基準として、封建社会を照らしだそうとしていたことを示している。またその点が、「和魂洋才」論者たちと福沢とがことなる点でもあった。かれらはただ、西洋社会の「文学技芸」の成果だけをインスタントに輸入して利用しようとする。福沢は逆に、「政治風俗如何」という観点から出発して、近代社会を根本的に把握しようとするのであった。

だから福沢は、初編の本文を「政治」の項目からおこしている。そこでかれは、政治には三つの形態がある、立君（モナルキ）・貴族合議（アリストカラシ）・共和政治（レポブリック）がこれである、また立君には二つの様式がある、立君独裁（デスポット）・立君定律（コンスチチューショナル・モナルキ）これである、と説明している。訳語がやや今日とはことなっているが、内容的には今日の政治学でおしえているところとかわらない。そうしてかれは、文明の政治の要件として、「自主任意」（「自由」のこと）・信教の自由・技術文学の奨励・教育の普及・法による支配・社会施設の六つをあげている。これによって福沢は、幕府政治だけが唯一無二の政治ではないこと、文明の政治とは幕府政治のごときものではないことをあきらかにしようとしているのである。

「政治」の条項につづき、福沢は、収税法・国債・紙幣・商人会社・外国交際・兵制・文学技術・学校・新聞紙・文庫（図書館のこと）・病院・貧院《ひんいん》・啞院《あいん》・盲院《もういん》・癲院《てんいん》・痴児院《ちじいん》・博物館・博覧会・蒸気機関・蒸気船・蒸気車・伝信機・瓦斯燈《がすとう》、その他付録として、太陽暦・時刻・温度・度量衡・貨幣におよんでいる。ここには三つの特徴がある。その第一は、政治制度からはじまりいわゆる物質文明におよんでいることであって、かれが、前者を本《もと》とし後者を末《すえ》としたことがわかる。第二は、経済的諸制度へのふかい関心であって、生活の基本を経済生活にあるとする考えかたがみられる。第三は、社会施設に力点をおいていることであって、その社会施設は、社会教育の機関と弱者への保護のための機関とにわかれるが、いずれも封建社会にはいちじるしく欠けているものであった。

『西洋事情』の第二の特色は理念への関心である。たとえば福沢は、初編巻之二で、一七七六年のアメリカの独立宣言を翻訳してのせている。かれはアメリカの政治を、「純粋の共和政治にて、事実人民の名代人《みょうだいにん》なる者相会して国政を議し、毫《ごう》も私なき」ものとたたえているが、その理念をこの独立宣言にみるもののようである。主としてトーマス＝ジェファーソンの手になったこの独立宣言には all men are created equal という一句がある。福沢はこの句を、「天の人を生ずるは億兆皆同一轍《どういってつ》にて」と訳している。この句は、福沢の心のなかにふかく沈澱《ちんでん》していったのであろう、のちにかれが『学問のすゝめ』をあらわしたとき、この句からの連想で、「天は人の上に人を造らず、人の下に人を造らずと云えり」と記した。

理念へのそういう関心は、福沢が私有権を力説したところにもあらわれている。「文明の人民に於ては私有の辨別《べんべつ》、愈々《いよいよ》繁にして愈々密なり」。こうしてかれは、私有権の歴史を簡単にのべたのち、動産と不動産の別（まだこういう観念はなかったので「移転」「遺転」といっている）・国債と私有権・株式会社と私有権・特許権・著作権などについて詳説している。そうして私有権を保護するのは、そのひとの「勤労を保護」するのだとのべている。もちろんかれは、私有権を保護すること過度にわたれば、かえって国民一般の利益をさまたげる点に気づいてはいた。しかし私有権を強調することによって、ほしいままになりがちな権力にたいして、私人の権利を明確にしようとしたのである。

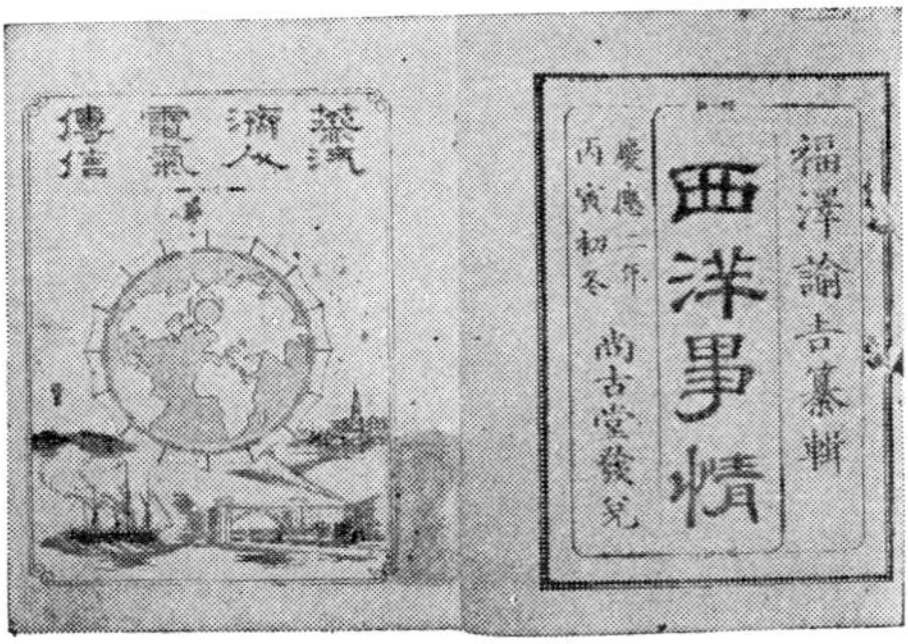

『西洋事情』初編（鎖国的精神をうち破ろうとする福沢の姿勢がよくあらわれている）

けれども理念への関心といえば、自由・権利にたいする関心にまさるものはないであろう。福沢は、二編でこの二つの概念について説明をこころみている。初編の場合とことなり、「リベルチ」liberty には「自由」の語があてられているが、「ライト」right はまだ「通義」と訳されている。それについてのかれの認識は「人生の自由は其通義なりとは、人は生《うまれ》ながら独立不羈《ふき》にして、束縛を被るの由縁なく、自由自在なる可《べ》き筈《はず》の道理を持つと云うことなり」という一句によく示されていよう。

啓蒙的姿勢

『西洋事情』の第三の特色はその啓蒙的姿勢にあろう。初編には図が二葉ついており、その一つは、上部に「蒸汽済人電気伝信」の文字をかかげ、中央には地球の北半球図をえがき、その地球に電柱をたてて電線をめぐらし、そのうえを洋服すがたの飛脚《ひきゃく》が走るすがたをあらわしている。また洋風の尖塔《せんとう》・軽気球・汽車・汽船を下部に配している。もう一葉には、やはり上部に「四海一家五族兄弟」の文字をかかげ、中央から下部にかけて世界の五人種の顔をえがき、さらに地球儀・望遠鏡・洋書・コンパス・巻紙を配している。

　ここで福沢は世界についての観念をあたえようとしているのである。二〇〇余年にわたる鎖国制度のもとで、それは日本人にもっとも欠けている知識であった。当時の庶民には、この世が地球であることすらわからなかった。一八七二年（明治五年）に小学校へ入った岡山県の農村の子ども片山潜の場合、地球説をはじめてきいたのは小学校においてであって、それまでは世界は平面で、天竺《てんじく》といえば高くて太陽に近いところ、そうして太陽は毎日東から西へ天空をはしり、一日に金のわらじ三足をついやしたと信じていたという（片山潜『自伝』）。そういう状況のもとで、福沢は、この世が地球でありすべてつながっているということを、視覚によって納得させようとしたわけである。

　またそのことは、閉鎖的な心情にもとづく独善性をうちやぶろうとしたことでもあった。「四海一家五族兄弟」ということばは、とりわけそうした意欲をよく示しているであろう。日本も世界の一国であるといえば、今日では説く必要もないあたりまえのことであるが、そのことが、当時の人びとには新鮮であった。その意味で福沢諭吉は文明の教師であった。

　先覚者としての苦心は、訳語をつくりだすところにもあった。さきにのべた「自由」や「通義」についてもそうであったが、「元来文字は観念の符号に過ぎざれば、観念の形なき所に影の文字を求むるは（中略）到底無用の沙汰なれば（中略）、新日本の新文字を製造したる其数亦尠《すく》なからず」と、かれは後年になって回想している（『福沢全集緒言』）。たとえば汽車、汽船の「汽」の字なども、福沢が『康熙字典』のなかからひろいだしてきて活用したものであったし、コピライト Copyright の訳語を考えて「蔵版の免許」とし、やがてこれは「版権」とされた。啓蒙家としての風格をみることができよう。

ふたたび米国へゆく

『西洋事情』初編が刊行されてからまもなく、一八六七年の正月に、福沢はふたたびアメリカへおもむくこととなった。これは、幕府が軍艦受けとりの使節をアメリカへ派遣することになったとき、みずからすすんで翻訳局の一員として参加することになったのである。かれは、西洋の事情につうじているというので、渡航手続などにあたった。使節一行の持参する金は、横浜の外国商人によって為替手形として送った。咸臨丸の渡航のさいには為替の制度を利用することを知らず、現金を袋づめにして艦長の部屋におさめておき、荒波のため袋にいれてあったドルが散乱したのにくらべると、外国事情にも大いにつうじるようになっていたわけである。

一行はサンフランシスコよりパナマへゆき、地峡を汽車で横断し、そこから船でニューヨークへついた。ついでワシントンへいって大統領ジョンソンに引見されたのち、外交交渉を行なった。その間、南北戦争の英雄グラントが一行をおとずれた。のち一行は、ふたたびニューヨークへもどり、往路を逆にとおって一八六七年六月末に帰国した。帰国したときの福沢は、頭髪はぼうぼうとしてひげものび、そのやつれぶりは出迎えの塾生たちをおどろかせた。

しかもそれにおいうちをかけるように、福沢は、まもなく外国奉行から、アメリカにおいて不都合の行ないがあったという理由で謹慎《きんしん》を申しわたされ、その謹慎は三か月余におよんだ。

福沢が譴慎をいいわたされたのには、二つの理由があったようである。その第一は、渡米使節団の委員長である小野友五郎と衝突したことであった。小野は、もともと御勘定吟味役をつとめていたひとであったが、それだけに経理の面にさとく、原書をたくさん購入して帰国ののちこれを高く売れば、幕府の財政もうるおうであろうと考え、福沢にその購入を命じた。福沢はそれをことわり、幕府が原価で売るならばいくらでも協力するとこたえた。そればかりでなく、かれは、同僚の尺振八《せきしんぱち》などと放談しては、幕府は「自分が其局に当って居るから拠《よんどこ》ろなく渋々開国論を唱えて居ながら、其実を叩いて見ると攘夷論の張本だ」などと傍若無人にかたったりしたので、上役の反感を大いに買ったのである。

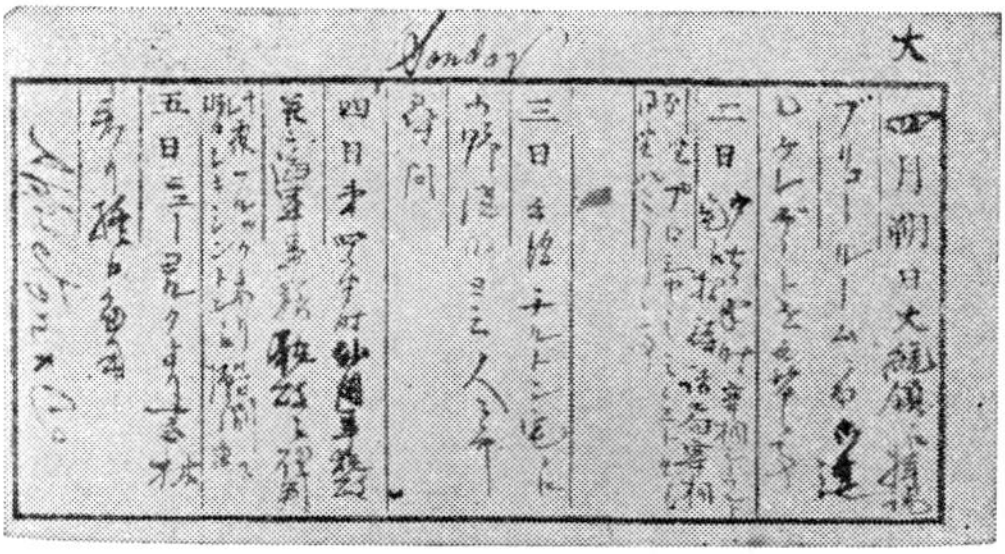

第2回渡米中の福沢の日誌（大統領への謁見やニューヨークの本屋がきたことなどが記されている）

　第二の理由は、福沢が大量の書物を買いいれてきたことであった。ニューヨークの書店 Appleton & Co. などと、かれはしきりに取りひきしている。そうして帰国のさいには、ウェーランドの経済書、クワッケンボスの窮理書・文典・米国史、パーレーおよびグードリッチの万国史・英国史そのほか地理・法律・数学などに関する書物を多数買いいれた。さらにかれは、銃砲買いいれのために仙台藩からあずかってきていた代金でも、いまさら武器を購入するのは無益として、洋書を多く買った。これがやはり幕府の上役の反感をそそって、身分不相応な買物という口実で、書物が一時、横浜でさしおさえられたりした。

福沢がアメリカで買いいれた書物は、かれの経営する塾でやがて教科書としてつかわれた。わたくしは、このたびのかれのアメリカ行きのほんとうの目的は、近代社会をもう一度みたいという点と、書物を買いいれたいという点にあったのではないかと思っている。

なお福沢は、『西洋事情』の前後に『雷銃操法』巻之一（一八六六年）と『西洋旅案内』『条約十一国記』『西洋衣食住』（以上、一八六七年）を刊行している。『雷銃操法』は訳書、『西洋旅案内』は題名のとおり旅行案内であるが、文明社会についての啓蒙書であり、外国為替や保険についても意をつくして説明してある。『条約十一国記』は、一八五八年以降六七年までに日本と条約をむすんだ国々についての、簡単な説明である。さいごの『西洋衣食住』は、衣装・食事の道具・寝室についての解説で、あわせて時計の説明におよんでいる。たとえばシーツについて、「都《すべ》て夜具の上下に覆《おお》うものは、晒《さらし》の白木棉にて、雪の如し。冬のしらみ、夏の蚤《のみ》など探しても居ず、誠に清浄潔白なり」とみえている。『西洋旅案内』『条約十一国記』は、かれの謹慎中の仕事であった。

明治維新のころ

アメリカから帰国ののち謹慎をいいわたされていた福沢諭吉が、それを解かれて幕府へ出勤したのは、一八六七年一〇月二七日のことである。ところがかれの謹慎中に、日本の政治情勢は大きくかわっていた。これは、将軍慶喜は、一〇月一四日、政権の返還を、また二四日には将軍職の辞退をねがいでていたのである。これは、幕府が、いよいよおいつめられた情勢のもとにあって、できるだけ実権をのこそうとした政策であって、これよりのち徳川家は、八〇〇万石を有する大大名として存続しようとしたのである。これにたいして倒幕をもくろむ諸藩の志士たちは、幕府を名実ともに否定しようとし、その結果は、一二月九日のいわゆる王政復古令となった。これによって天皇の親政が宣言され、摂政・関白・将軍の職は廃止された。また慶喜には辞官納地が命じられた。こうして明治新政府が発足したのである。

王政復古と福沢

これは、徳川家にたいする正面からの挑戦であった。その挑発をうけて徳川家は、一八六八年正月三日、京都に近い鳥羽・伏見で薩長両軍を主力とする新政府軍にたたかいをおこし、やぶれてしまった。慶喜は、大阪から船でかろうじて江戸へもどったが、朝廷は、かれの官位をうばって追討を命じた。こうして東征軍は、「宮さま〳〵お馬の前で」のうたごえとともに、東海・東山・北陸の三道から江戸へ攻めくだっていった。また新政府は、王政復古を列国に布告してその承認をもとめ、五か条の誓文を発布して政治の理念をさだめた。江戸は、旧幕府の勝海舟と官軍の西郷隆盛の折衝によって、四月に無血でひきわたされたが、それを不満とする一部の武士は、北海道へ脱走して函館の五稜郭にたてこもり、また彰義隊を結成して上野に官軍とたたかった。

一八六八年五月、彰義隊はやぶれ、七月には江戸は東京と改称され、九月には慶応という元号は明治と改められた。やがて天皇は東京へむかい、江戸城に入ってこれを東京城と改め、旧支配者にとってかわったことを内外に知らせるのであった。

こういう政治情勢の変化に、福沢諭吉はほとんどかかわらなかった。それは、福沢がこの「革命」に無関心であったからではなく、むしろかかわらないことにおいて、かれは、自分の姿勢を示したのであった。

長州再征の行なわれる一八六六年ころまでの福沢は、反攘夷主義という意味において、幕府を支持していたと思われる。が、その翌年一八六七年にアメリカへいったころになると、かれは、表面上は開国主義をとる幕府も、じっさいには攘夷思想のかたまりで、開明的どころではなく封建思想そのものであることに、つくづくあいそがつきていた。その鬱憤《うつぷん》が、渡米中の放言となり、かれの処罰をまねいたものであろう。

この点について福沢は、後年こんなことをいっている。「諸藩残らず攘夷藩で徳川幕府ばかりが開国論のように見えもすれば聞えもするようでありますけれども、正味の精神を吟味すれば天下随一の攘夷藩、西洋嫌いは徳川であると云て間違いはあるまい」。その一例として、かれは、かつて英語の経済書にある

competition という文字を「競争」と訳したところが、幕府の勘定方の有力な役人が、どうも「争」という文字はおだやかでない、これはこまる、といったというはなしをあげている。「此一事でも幕府全体の気風は推察が出来ましょう(中略)。迚《とて》もモウ手の着けようのない政府だと、実に愛想が尽きて同情を表する気がない」(『福翁自伝』)。

それでは倒幕派のほうはどうであったか。福沢の観察によれば、「彼等が代ったら却《かえっ》てお釣の出るような攘夷家だ」、「こんな不文不明な分らぬ乱暴人に国を渡せば亡国は眼前に見える、情けない事だと云う考が始終胸に染込んで居たから、何としても上方《かみがた》の者に左袒《さたん》する気にならぬ」のであった(『福翁自伝』)。

出仕をことわる

福沢のほうでは政治にかかわらない態度をとっていても、政治のほうでかれにかかわってきた。まず第一は、江戸に戦争の危険がせまったことであった。江戸の住民としてのかれは、この戦火をどうしてさけるかをやはり一応は考慮しなければならなかった。

そのとき福沢の友人である尺振八《せきしんぱち》から、親切な申し出があった。尺とは一八六七年の渡米に同行した間柄である。尺はこのときアメリカ公使館の通訳をつとめていた。そのかれが福沢のもとへおとずれて、もし塾の学生たちが必要とするならば、アメリカ公使は公使館使用人の身分証明書を提出して、塾生の身の安全をはかるつもりである、と申しでたのである。これにたいしての塾生の意見は、今回のたたかいは日本の内乱であって、外国人の知るところでない、官軍がいかに乱暴であっても日本国人の乱暴である、よしそのため

1870年の福沢
（腸チフスがなおったあとの写真で，ちょんまげをやめていたことがわかる）

にたおれるようなことがあっても、われわれは、外国人の庇護によってあやうきをまぬかれようとするものではない、公使の好意には感謝するが申し出はことわる、というものであった。福沢の所懐《しょかい》もここにあったと思われる。

戦乱もなく江戸を支配した新政府は、福沢の予期に反して開国進取の政府であった。そればかりでなく、政府は、いまは有名な洋学者となっていた福沢を、政府に仕官させようとした。政権をとって攘夷主義をすてた政府は、洋学者をつかおうとし、その召命に応じて政府に出仕した学者も多かった。しかし福沢はそれをうけず、そののちのたびたびの召命をも辞退して、六六歳で世を去るまでの生涯、役人になることなく、「大平民」としてすごした。この態度は、生涯をつうじてみじんもゆるぎをみせず、かれは一切の位階勲等のごときものをうけなかった。

なお、この一八六八年に福沢は、帯刀をやめて丸腰となった。そればかりでなく、「文明開化の世の中に刀をさしているやつは馬鹿だ。その刀の長いほど大馬鹿であるから、武士の刀はこれを名づけて馬鹿メートルというがよかろう」と気焔《きえん》をあげて廃刀を力説した。ちょんまげを散髪にきりかえたのは、ややおくれ一八七〇年ころであった。またかれは、一八六八年に武士の身分をすてて平民となった。福沢をたずねた客は、縞の着物に丸腰というこの家の主人のむぞうさなかっこうにおどろかされるのであった。

慶応義塾

こうして福沢は、自分の塾の経営にいよいよ力をそそいでゆくこととなるのである。一八五八年にひらかれたこの塾は、六二年の末ころまでは、塾生があまり多くなかった。創始者であり教師である福沢自身が、その間に二度も洋行したり、蘭学から英学へうつったり、その基礎もかたまらなかった。

その福沢がいよいよ本格的に塾の経営にのりだしたのは、一八六三年であった。この年、幕府は参勤交代制度をゆるめ、従来は隔年に江戸へでて一年在府していたのを、四年に一度、在府三か月と改めた。そのため江戸づめの家臣はぞくぞく帰国し、中津藩でも中屋敷の長屋は空屋になってしまった。これを好機としてかれは、藩に交渉して長屋一棟《ひとむね》を借りたのである。それは五軒つづきの長屋であって、従来とくらべていちじるしく広いものであった。

翌年、福沢は中津へゆき、同藩の子弟六人をえらんで江戸へつれてかえり、自分の塾の塾生とした。このときかれは、洋学の修業といえばためらう父兄にたいしては、江戸へゆけば養子の口がたくさんあるからといって、子弟をつれだしたという。この六人のなかに、二〇〇石の上士の子であって藩学進修館の教頭をしていた青年小幡《おばた》篤次郎がいた。かれとその弟仁三郎は、のちに福沢をたすけて塾経営の中心的人物となった。

そのころから入門するものが少しずつふえはじめ、一八六四年には三五人・六五年には五四人・六六年には六四人・六七年には八〇人の入門者があった。そうして塾の評判もたかまってきたものとみえて、はじめは九州出身者を中心とする塾であったのが、しだいに全国的な学塾へうつってきた。

　といっても規則的な教育はまだ行なわれなかったようであって、むしろ塾生の乱暴さがめだつばかりであった。のちに自由民権運動の理論的指導者の一人となった馬場《ばば》辰猪《たつい》は、そのころ福沢塾に入門したが、塾生が不規則・不身持でいつもさしせまった借金をもっていたのにおどろいている。のちに統計学者となった呉《くれ》文聡《あやとし》は、いったんは入門したが、塾生があまりに「殺伐」なのにおそれをなして、一週間で退塾した。のちに帝国大学総長となった渡辺洪基《こうき》は、その乱暴書生の一人であって、正月に福沢家の鏡もちの中身だけをくりぬいてたべてしまったりした。福沢は、こういう乱暴をあえておさえず、すすんで塾生の仲間へ入り、酒をくみかわしつつかたるのであった。

　大政奉還→王政復古の大変動は、福沢の塾にもいちじるしい影響をあたえた。塾生はだんだんへってしまって、最低のときにはわずかに一八人となった。しかしあたらしい時代の到来を感じとった福沢は、勇気を失わなかったばかりでなく、積極的にこの変動期を利用しようとした。かれは塾の移転先をさがし、やがて芝・新銭座に有馬家の中屋敷四〇〇坪の地所の売物があるときくと、さっそくそれを買いとった。代価は三五五両、その受けわたしをすませたのは、一八六七年一二月二五日の朝であった。

　こうして福沢は、一八五八年に江戸へでてきてから、鉄砲洲→新銭座→ふたたび鉄砲洲とへて、いままた新銭座に住むこととなったのである。といってもそこは、古い長屋が一棟と土蔵が一つあるばかりの空地同様の地所であった。そこへかれは、一〇〇人の塾生を収容できる塾舎をたてる目算をたて、古長屋を奥平家からやすくゆずりうけたりして、およそ一五〇坪ばかりの普請《ふしん》をした。折から江戸中が戦争の不安におびえていたころとて、普請などする家は一軒もなく、大工や左官は米の代だけでよろこんではたらいたという。土地の購入と移転と建築とでできた借金約一千両は、著書の代金によって返済していった。

一八六八年四月、新銭座に新塾舎ができてみると、塾の名前がほしいということになり、ときの元号をとって慶応義塾と名づけた。これについて『慶応義塾百年史』は、塾名をえらぶに、人名とか地名とか教育の主義主張とか、ありきたりの名前をさけて元号をとったのは、一見むぞうさにみえてじつは思いきった英断で、この名称をえらんだ人びとの心意気がしのばれる、と記している。「義塾」というのもめずらしい名前で、福沢は、ここにイギリスのパブリック・スクールの意味をもりこんだといわれる。パブリック・スクールというのは、国家公共の目的で設立された私立学校である。こののち「義塾」を称する私立学校がぞくぞくとあらわれた。

塾の整頓と移転

福沢諭吉の意気は大いにあがったであろう。その意気を示すべく慶応義塾の規則がととのえられた。その規則によると、すべて清潔を心がけること、金銀の貸借をしないこと、門限を午後九時とさだめること、落書をしないこと・抜刀しないことなどがもとめられ、掃除当番は三人一組で一週間交代ときめられた。食堂の規則もできて、朝は八時、昼は一二時、夕は五時に食事、日曜日は午後二時以後の飲食は自由、食後は木のぼり・玉あそびなどの運動をすることなどがきめられ、「若し不便の事あらば互に商議して是を改むべし」とあった。
時間割もととのえられ、たとえばつぎのようになった。

ウエーランド氏修心論講義	福沢諭吉	水曜日	土曜日	第十時より
ウエーランド氏経済書会読	小幡篤次郎	月曜日	木曜日	第一時より
クヮッケンボス氏著小本合衆国歴史会読	阿部泰造 小泉信吉	水曜日	土曜日	第一時より
ハイスクール地理書会読	馬場辰猪	火曜日	金曜日	第一時より

塾舎の移転のころから塾生はしだいにふえはじめたが、その学生全部に、原書をわたして授業できたのは、慶応義塾の画期的な点で、それは他の学校のまねのできないところであった。その原書というのは、福沢が一八六七年にアメリカからもちかえったものであった。その学科は、修心・経済・歴史・地理・窮理（物理）・算術・文典などであって、アメリカのハイスクール程度のものを教科書として用いた。

そのころの慶応義塾のようすは、『福翁自伝』中のつぎの一節によって有名である。

新銭座の塾は幸に兵火の為めに焼けもせず、教場もどうやらこうやら整理したが、世間は中々喧《やかま》しい。明治元年（一八六八年）の五月、上野に大戦争が始まって、其前後は江戸市中の芝居も寄席《よせ》も見世物も料理茶屋も皆休んで仕舞て、八百八町は真の闇、何が何やら分らない程の混乱なれども、私は其戦争の日も塾の課業を罷《や》めない。上野ではどん／＼鉄砲を打て居る、けれども上野と新銭座とは二里も離れて居て、鉄砲玉の飛《とん》で来る気遣はないと云うので、丁度あの時私は英書で経済《エコノミー》の講釈をして居ました。

このときの福沢は、「此塾のあらん限り大日本は世界の文明国である、世間に頓着するな」と塾生をはげました。

このように義塾がととのえられるとともに、塾の評判がたかまり、また世間の英学熱のたかまりもあって、塾生は増加の一途をたどった。そのため塾舎を増築したり、分校をもうけたりして、その場〳〵をふさいだが、とうていそれではおよびもつかず、入塾をことわることもしばしばとなった。

こうして福沢をはじめ塾の全員が、塾のためにあたらしい土地をさがしてまわった。そのころの東京には、大名の空屋敷が多かった。そのうちの一つ三田の高台にある肥前国（長崎県）島原藩の中屋敷が、かっこうの土地と考えられた。そこで福沢は、政府に運動して、この島原藩邸を上地《じょうち》させ、それを東京府から貸しさげてもらおうとした。この運動が成功して、土地は福沢に貸与され、かれの一家と慶応義塾は、一八七一年正月から三月にかけて、三田へ移転した。のち福沢はその地の払いさげをうけている。

慶応義塾の態勢は、このようにしていよいよととのえられ、東京随一の私立学校となった。一八七二年には、アメリカ人カロザスを月給一二五円で、またアメリカ人グードマンを月給六〇円でやといいれている。そのとき生徒は、六〜九歳一人、一〇〜一三歳二三人、一四〜一六歳六三人、一七〜一九歳九四人、二〇歳以上一二二人、いずれも男子で合計三〇二人であったと、福沢諭吉によって政府へ報告されている。しかし組織が大きくなったからといって形式主義になったのではなく、粗暴無礼はもとより禁じたが、塾内の廊下などでおじぎをするのは無用な虚飾であると、その廃止を掲示したりした。

活発な著述活動

慶応義塾の経営を軌道にのせるかたわら、福沢諭吉は、ますます活発な著述活動を行なった。ときに福沢は三十代の半ばであった。幕府がたおれるとともに言論が自由となり、各種の著述が洪水のように世にあらわれたが、そのなかにあって福沢の著述はやはり目立つものであった。一八六八年から七一年にかけての著述としては、『訓蒙窮理図《きんもうきゅうりず》解《かい》』『兵士懐中便覧』（以上一八六八年）、『洋兵明鑑』『掌中万国一覧』『英国議事院談』『清英交際始末』『世界国尽』（以上一八六九年）、『啓蒙手習之文』（一八七一年）がある。このほか『雷銃操法』巻之二・巻之三と『西洋事情』外編・二編をも刊行した。そればかりでなくかれは、一八六九年から出版社を経営しはじめた。

これらの著述のなかで、福沢の思想の展開をみるうえに、とくに二つのことに言及しておきたい。その一つは、『訓蒙窮理図解』である。この書物は、イギリスとアメリカの七冊の物理書・地理書などを参考として、物理の初歩を説いたものである。内容は熱・空気・水・風・雲雨雹《ひょう》雪露霜氷・引力・昼夜・四季・日蝕月蝕のことなどとなっている。なぜ福沢は、このように物理学を重要視したのだろうか。この書物の序で、かれは、「人に知識なくば己《おの》が仁義道徳の鑒定《めきき》も出来まじ。知識なきの極《きわまり》は恥を知らざるに至る。恐るべきことならずや」とのべている。封建時代には道徳論は強調されたが、それに比して知識は二の次とされていた。これにたいして福沢は知識を重視すべきを説いているのである。この知識主義の強調は、人間のあたらしい態度を説くものであった。

その場合に知識とは、とりわけ自然科学的な知識であった。そうして自然科学の根本は物理学であったから、とりわけ物理学が重視されたのである。なぜ物理学が重視されなければならなかったかについては、かれはもう一つの著述である『啓蒙手習之文』のなかで、「窮理学之趣意は、平生人の慣れて怪《あやしま》ざる所に眼を着け、人の怪むところの物を察して其の理を詮索し、これを実用にほどこす」ところにあるとのべている。法則性の発見をもとめる態度が物理学を重視させたのであって、それは、かれが慶応義塾で物理学を重んじたゆえんでもあった（この点についてはさらに一〇二～四ページを参照）。

いま一つ注意すべきは『世界国尽』である。これは、福沢が子どもや女性にまで世界の形勢を説きあかそうとしてあらわした小冊子であって、となえやすくおぼえやすいように七五調でつづられている。地球を東半球・西半球にわけて示してある。まだこのころは太平洋・大西洋というよびかたもできていなかったので、福沢は、これを太平海・あたら海とよんだ。あたら海とは Atlantic Ocean をそのまま仮名にうつしたものである。

その内容がどのようなものであるかは、本文についてあじわうのがもっとも印象ぶかいであろう。

世界は広し万国はおおしといえど大凡《おおおよそ》、五《いつつ》に分けし名目《みようもく》は「亜細亜《アジア》」「阿非利加《アフリカ》」「欧羅巴《ヨーロッパ》」、北と南の「阿米利加《アメリカ》」に堺かぎりて五大洲、

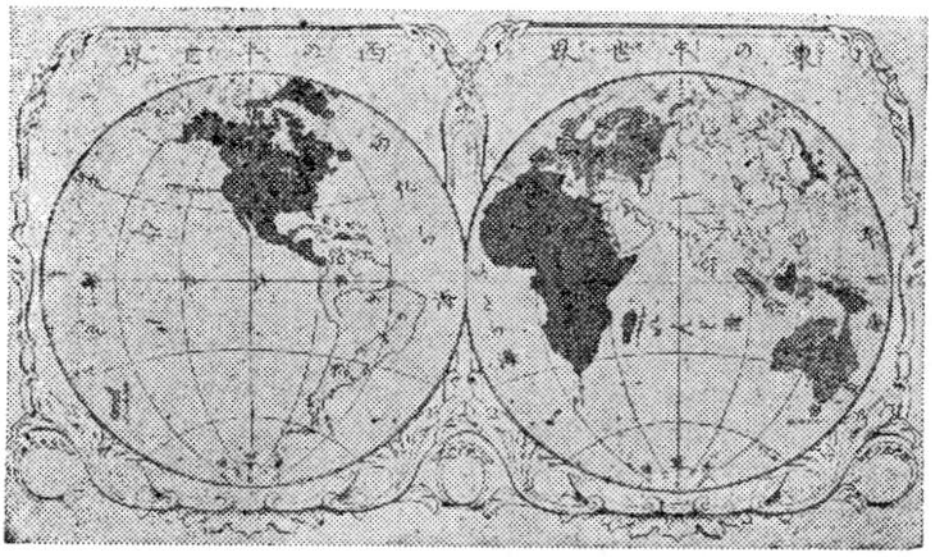

『世界国尽』に折り込まれた世界地図
（こうして福沢は，世界が球形であると教えこもうとした）

大洋洲は別にまた南の島の名称《となえ》なり。土地の風俗人情も処《ところ》変ればしなかわる。その様々《さまざま》を知らざるは、人のひとたる甲斐もなし。学びて得べきことなれば文字《もんじ》に遊《あ》そぶ童子《わらわべ》へ庭の訓《おしえ》の事始《ことはじめ》、まず筆とりて大略《あらまし》をしるす所は亜細亜洲。

というぐあいにつづくのである。こころみにイギリスの項をみる、

「英吉利《イギリス》」は「仏蘭西国《フランス》」の北の海、独り離れし島の国、「蘇格蘭《スコツトランド》」「阿爾蘭《イルランド》」「英倫《エンゲランド》」の三国を合せて合衆王国《がっしゅうおうこく》と威名耀《かがや》く一強国。人民二千九百万、百工技芸、牧、田畑、産物遺《のこ》る所なく、中にも多き鉄、石炭、蒸気器械の源は用《もちい》て尽きぬ無尽蔵、知恵極て勇生じ、水を渡るに蒸気船、万里の波も恐なく、陸地を走る蒸気車は人に翼の新工夫、飛《とぶ》より疾《はや》き伝信機、瞬《また》た《た》く暇に千万里、告《つげ》て答《こたう》る急飛脚、内と外との新聞を互に聞て相伝う。百《もも》の都会の中心は「廷武須《ていむす》」河畔の「論頓府《ろんどんふ》」、広き世界に比類《たぐい》なき万国一の大都会、東西三里、南北は二里の間に立籠《たちこも》る軒端《のきば》は櫛の歯を竝《な》らべ錐《きり》を立《たつ》べき地もあらず。人口二百八十万。往来群衆雲を成し、夜は三十六万の瓦斯《がす》の燈火《ともしび》耀きて晦日《みそか》の暗も人知らず。

というぐあいである。

この書物はのちにひろく小学校でもちいられ、小学生たちは、これをとなえながら通学したものであった。

暗殺の危険

洋学者としての福沢諭吉の名前がたかまるにつれて、暗殺の危険も増大していった。かれが攘夷論者からもっともつけねらわれたのは、一八六二年ころから七三年ころまでであっ

て、その間かれは、夜の外出をつつしみ、旅行するさいにも姓名をいつわるのがふつうであった。もちろん荷物にも福沢と記すのをはばからなければならなかった。そのためかれは、三田に家を新築するときには、家の床《ゆか》を少し高くして押入のところに揚板《あげいた》をつくっておいたほどである。旅の途中で順礼にであい、その笠に何国何郡何村の何某《なにがし》と書いてあるのをみては、ああうらやましいと思ったりするのであった。

一八七〇年に福沢が中津へいったさいには、またいとこの増田宋太郎にねらわれた。そのときは福沢に客があり、夜おそくまで酒をのみながらはなしていたので、偶然たすかったという。増田はのち西南戦争で西郷軍に投じて、城山で死んだ。福沢が『西洋事情』二編の刊行を七〇年までおくらせたのは、攘夷派をつよく刺激することをおそれてのことであったといわれる。しかしその暗殺の危険も一八七三年ころまでで、そののちは「政府の役人達が狙《ねら》われるようになって来て、洋学者の方は大に楽になりました」(『福翁自伝』)。しかし暗殺の危険がなくなっても、かれは、保守派からは、「法螺《ほら》をふく沢うそをいう吉」などとにくまれた。

『学問のすゝめ』

文明開化

こうしたあいだにも明治政府の整備は着々とすすみ、あたらしい社会体制がきずかれていった。一八六九年には版籍奉還が、つづいて七一年には廃藩置県が行なわれて藩体制が廃止され、それはそのまま明治政府の中央集権へとつながっていった。関所を廃止したり平民に苗字をゆるしたり、さまざまの封建的拘束が解かれていって、一八七二年の地券発行による農民の土地所有権の確認におよんだ。七二年には学制が発布され、その翌七三年には徴兵令がだされ、また地租改正がはじめられた。戦前に国民の三大義務といわれた教育・兵役・納税の三項が、あいついでさだめられてきたわけである。

それとともにいわゆる文明開化の風潮が、政策的にもおしすすめられて、ひろまっていった。「文明開化」の文字は、福沢諭吉が『西洋事情』外編（一八六七年）につかったのがはじめであると思われるが、この一八七〇年代の初期には急速に一般化し、一種の流行語となった。「ざんぎりあたまをたたいてみれば文明開化の音がする」といわれ、電信・郵便・鉄道・日曜休日制から洋服・靴・牛なべにいたるまで、ことごとく文明開化にあらざるものなしとされ、そこからはずれるものは「旧弊」としてしりぞけられた。岩倉具視や大久保利通ら政府の高官が欧米へ視察旅行に横浜を出発したのは、一八七一年一一月のこと、その船には津田梅子ら最初の女子留学生をふくむ多くの留学生がのっていた。

それに象徴されるように、西洋の学術や思想をまなぼうとする気風が、急速にたかまっていった。その気風にこたえるべく、洋学者たちは、つぎつぎと西洋思想を紹介しはじめた。代表的なものとしては、ブルンチュリー著・加藤弘之訳『国法汎論』（一八七〇年）、スマイルス著・中村敬宇訳『西国立志編』（一八七一年）、ミル著・中村敬宇訳『自由之理』（一八七二年）、トクヴィル著・小幡篤次郎訳『上木《じょうぼく》自由論』（一八七三年、上木とは出版のこと）、モンテスキュー著・何礼之《かのりゆき》訳『万法精理』（一八七五年）などがあり、ややおくれてはスペンサー著・松島剛訳『社会平権論』（一八八一年）、ルソー著・中江兆民訳『民約訳解』（一八八二年）などがあった。

学問のすゝめ

このような翻訳書とならんで、洋学者たちはみずからの著述をもさかんに出版していった。それらの著述には、国民を封建的な迷蒙からさめさせようとする姿勢が、おおむねつらぬかれていた。いわゆる啓蒙思想がこれであった。そうしてそのなかで、福沢諭吉は、おそらく他の啓蒙思想家をあわせたよりも大きいほどのふかくまたひろい影響を、国民にあたえた。なかでも『学問のすゝめ』と『文明論之概略』は、理論的水準も高く、日本の啓蒙思想を代表する著作として、今日では国民的な古典となっている。

『学問のすゝめ』までの福沢は、おもに近代文明社会の紹介につとめてきた。『西洋事情』をはじめとす

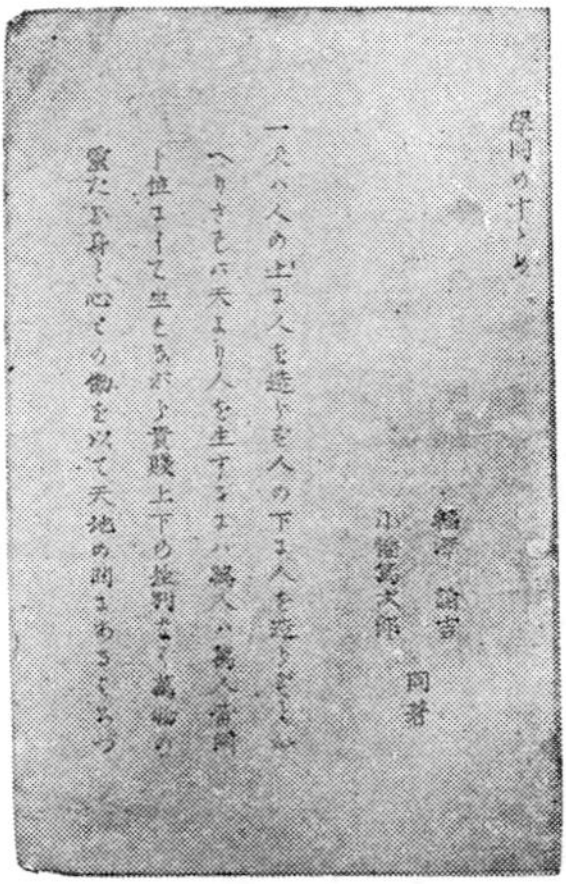

『学問のすゝめ』初編（初版本）の冒頭の部分（これを読んで勇気づけられたひとは多かった）

るかれの著述は、なるほどじつによくこなされているものの、翻訳または翻案に近いものであった。ところがこの『学問のすゝめ』[1]は、一部分をのぞいては、福沢自身の文章であり、理念の表明であった。そのことは、福沢自身の成長をものがたっているとともに、日本の近代思想の成長ないし自立へのみちをもあらわしている。

この『学問のすゝめ』は、小冊子一七編からなり、一八七二年から七六年にかけて刊行された。その各編は、たとえば、四編学者の職分を論ず、五編明治七年一月一日の詞、六編国法の貴《とうと》きを論ずなどというように、それぞれが独立した体裁をとっており、かならずしも十分な連関をもつものではない。とはいえ、これを通読するとき、福沢が当時の日本になにを強調したかったかが、一つのまとまりをもってうかんでくるのである。

「天は人の上に人を造らず人の下に人を造らずと云えり」という初編冒頭の一句は、人びとにはなんと新鮮にひびいたことであろうか。その一句におどろかされた人びとは、つづく一句へと目をうつしてゆかないではいられなかった。「されば天より人を生ずるには、万人は万人皆同じ位にして、生れながら貴賤上下の差別なく、万物の霊たる身と心との働を以て天地の間にあるよろづの物を資《と》り、以て衣食住の用を達し、自

1) 福沢ははじめ、『学問のすゝめ』初編を、郷里中津の人びとに示すためにあらわした。中津出身で中津市学校校長であった小幡篤次郎の名が、共著者に加えられているのは、このためであろうと考えられている。

由自在、互に人の妨《さまたげ》をなさずして各《おのおの》安楽に此世を渡らしめ給うの趣意なり」。

人びとのうちによびおこした感動の大きさは、『学問のすゝめ』の発行部数によっても、ある程度ははかられる。福沢は、一八八〇年に合本をだすときに、分冊の『学問のすゝめ』が七〇万冊売れたといい、ほかに偽版が十数万冊あろうと推定している。このころの人口は三三〇〇万（一八七二年）、義務教育がはじまったばかりの時点で、この数字のもつ意味は大きかったといわなければならない。のちに福沢は、結局『学問のすゝめ』は一編およそ二〇万部、合計して三四〇万部は売れたとのべている。『××のすゝめ』という書物が流行したことからも、その人気のほどが知られよう。今日のベストセラーを思うとき、わたくしは、こういう書物がベストセラーとなった明治初年をかえりみずにはいられないのである。

一身の独立

福沢諭吉が『学問のすゝめ』のなかで主張しようとした第一の点は、個人の独立ということである。のちに福沢の思想は、「独立自尊」の四字にまとめられたが、その「独立」という観念は、かれが「自由」よりもまた「平等」よりもはるかに力説した観念であった。その独立とは、かれによれば、「自分にて自分の身を支配し他に依りすがる心なきを云う」のであるが、それは、自分で判断し処置するという意味と独立の生計をたてるという意味をふくんでいた。

この一身の独立をさまたげていたのは、福沢によれば、アジア的な専制主義であった。「亜細亜諸国に於ては国君のことを民の父母と云い、人民のことを臣子又は赤子と云い、政府の仕事を牧民の職と唱えて、支那には地方官のことを何州の牧と名けたることあり。此牧の字は獣類を養うの義なれば、一州の人民を牛羊の如くに取扱う積りにて、其名目を公然と看板に掛けたるものなり。余り失礼なる仕方には非ずや」。その専制主義が日本的なあらわれかたをすると、幕府政治となる。「百姓町人は由縁もなき士族へ平身低頭し、外に在ては路を避け、内に在て席を譲り、甚《はなはだ》しきは自分の家に飼たる馬にも乗られぬ程の不便利を受けたるは、けしからぬことならずや」。

こうして卑屈さのなかにとじこめられていた人民が、「独立」するにはどうすればよいか。福沢は、そのためのみちを二つの方面において考えているようである。

その第一は学問にはげむことである。「天は人の上に人を造らず」であるのに、じっさいには人に智愚貧富貴賤があるのはなぜか。それは「唯其人に学問の力あるとなきとに由て其相違も出来たるのみ」である。こうして福沢は、人間の身分があらかじめさだめられているという封建思想を否定しつつ、人びとを学問へと激励した。

とすれば、その学問はとうぜん立身出世のための学問でなければならず、そうして立身のための学問であれば、それは実際にやくだつ学問でなければならなかった。そのような学問を「実学」といったが、福沢のすすめたのはそうした「実学」であった。「されば今斯る実なき学問は先ず次にし、専ら勤むべきは人間普通日用に近き実学なり」。こうして学問によって見識をひろめてこそ、「身も独立し家も独立し天下国家も独立」するというのが、かれの見解であった。

しかしここでいう立身出世のための学問とは、語感から予想されるような卑俗な意味をふくまず、むしろ逆に学問についてあたらしいイメージをうちたてるものであった。それまでの学問とは「唯むずかしき字を知り、解し難き古文を読み、和歌を楽み、詩を作るなど、世上に実のなき」ものであったが、福沢は、そのような既成の学問観をくつがえし、それまで軽蔑されてきた実用的な学問を、新時代の学問としたのである。

一身独立への第二のみちは、気力の回復であった。かれはいう。学校をたてたり工業をおこしたりいくら文明のかたちがととのっても、「人民に独立の気力あらざれば、彼の文明の形も遂に無用の長物に属するなり」。わが国民がこの気力に欠けているのは、ながく政府が一切の権力をにぎって、「恰《あたか》も国は政府の私有のようであったからである。その「人民独立の気力」こそ「文明の精神」なのである。福沢はこのように説いている。

ここでは福沢は、もはやたんに攘夷論者だけを対手《あいて》としているのではない。文明化の方向そのものへの批判者としてもたちあらわれているのである。「試に見よ、方今天下の形勢、文明は其名あれども未だ其実を見ず、外の形は備われども内の精神は耗《むな》し」という一句には、福沢の烈々たる憂国の念がこめられているであろう。

文明開化の名のもとにいたずらにハイカラぶりが横行するのは、福沢の黙してみすごしにできぬところであった。「苟《いやしく》も中人以上の改革者流、或は開化先生と称する輩は、口を開けば西洋文明の美を称し、一人これを唱れば万人これに和し(中略)、或は未だ西洋の事情に就《つ》き其一斑をも知らざる者にても、只管《ひたすら》旧物を廃棄して唯新を是れ求るものの如し。何ぞ夫れ事物を信ずるの軽々にして、又これを疑うの疎忽《そこつ》なるや」。独立の気力はまさにその正反対のものたるべきであった。「人間の食物は西洋料理に限らず、麦飯を喰い味噌汁を啜《すす》り、以て文明の事を学ぶ可きなり」。

一国の独立

なぜ福沢はこのように一身の独立に固執したのであろうか。それは一身の独立が一国独立の基礎であったからである。「国と国とは同等なれども、国中の人民に独立の気力なきときは一国独立の権義を伸《のぶ》ること能《あた》わず」。その理由としてかれは三か条をあげている。

一、独立の気力なき者は国を思うこと深切《しんせつ》ならず。

二、内に居て独立の地位を得ざる者は外に在て外国人に接するときも亦独立の権義を伸ること能わず。

三、独立の気力なき者は人に依頼して悪事を為すことあり。

専制政治のもとで服従になれた人間が、いかにたよりにならないかについて、福沢は、いくつかの例をあげて説いている。その一つは桶狭間《おけはざま》のたたかいの場合である。織田信長は、このとき伏勢をひきいて今川の本陣にせまり、義元の首をとったが、それと知るや、数万にのぼる今川の軍勢は、たちどころにくもの子をちらすように敗走した。それというのも、駿河の人民はただ義元一人にすがり、その身は客分のつもりでいたからである、と。

また福沢は例を商人にもとっている。店中で旦那がいちばんの物知りで、番頭・手代たちは商売全体のしくみを知ることもなく、仕事も給金も損得も、すべてただやかましい旦那のさしずのままであったとする。そういう店の奉公人は、朝夕に旦那の顔色をうかがうだけで、少しも店の心配をしない。だからこういう店では、律儀一偏の奉公人と思われていたものも、とかく大穴をあけていたりする。しかしこれは「人物の頼み難きに非ず、専制の頼み難きなり」。

このように福沢は説いてきて、「外国に対して我国を守らんには自由独立の気風を全国に充満せしめ」ることが必要であるとしている。「人を束縛して独り心配を求るより、人を放て共に苦楽を与《とも》にするに若かざるなり」。

契約の理念

福沢諭吉が『学問のすゝめ』で展開した秩序観は、それまでの秩序観といちじるしくことなるものであった。従来の秩序観では、秩序の基礎は服従とされたのを福沢はくつがえして、一身の独立を秩序の基礎としたのである。そういう観点からかれは、官にたいして民の立場を擁護《ようご》し、また封建的な「仁政」思想の欺瞞《ぎまんせい》性を痛烈にあばいてゆく。「法を設《もうけ》て人民を保護するは、もと政府の商売柄にて当然の職分なり。これを御恩と云う可らず」。

こうして福沢は、政府と人民との間柄は、御恩と服従でむすばれているのでなく、職分関係においてむすばれているにすぎないとする。すなわち人民保護は政府の職分にすぎないのであって、それ以上のものではないとする。この考えかたは、政府をとうとく人民をいやしいとする考えを否定して、個人を自立させようとする思想であった。

　それでは人民の職分はなんであろうか。国法をまもることこそ人民の職分である、と福沢はいう。政府と人民が平等の立場にたつということは、政府と人民が契約によってむすばれているという思想の成立を意味した。そうして契約状とは国法であった。したがって国法は、政府によってまもられなければならないとともに、人民によっても「謹《つつしん》で守らざる可ら」ざるものとされた。だから福沢は、政府が暴政を行なった場合の人民の態度として、「節を屈して政府に従う歟《か》、力を以て政府に敵対する歟《か》、正理を守て身を棄る歟」の三か条を提議し、第三条をもって上策とするのであった。

　こういう契約観念は、政府のほしいままな行動を抑制するという意味をもっていた。が、それと同時に、その国法がどのようにして制定されたかを問わない点で、不十分な契約観念であった。すなわち人民の代表が参加してつくられた法かどうかは、まだ福沢の念頭にはのぼっていないのである。そういう不十分さをもちながらも、かれは「一身独立して一国独立する事」を説いてやまなかった。

演説事始

　この『学問のすゝめ』のなかでいま一つみおとせないのは、福沢が演説について説明していることである。英語の Speech を演説と訳したのは福沢であるが、そのかれは『学問のすゝめ』一二編のなかでつぎのようにのべている。

演説とは英語にて「スピイチ」と云い、大勢の人を会して説を述べ、席上にて我思う所を人に伝るの法なり。我国には古より其法あるを聞かず、寺院の説法などは先づ此類なる可し。西洋諸国にては演説の法最も盛にして、政府の議院、学者の集会、商人の会社、市民の寄合より、冠婚葬祭《かんこんそうさい》、開業開店等の細事に至るまでも、僅《わずか》に十数名の人を会することあれば、必ず其会に付き、或は会したる趣意を述べ、或は人々平生の持論を吐き、或は即席の思付を説て、衆客に披露するの風なり。

演説は公衆を予想してはじめて行なわれるものであり、また言論の自由への保障があって活気をおびるものである。そういう社会的の慣習に、日本国民をなれさせてゆこうとしたわけである。

その趣意を実行するために、福沢は、一八七四年から、慶応義塾内に三田演説会をひらいた。演説会といっても、最初は弁論会であって、議題をあらかじめさだめておき、それに可と否とがたってこもごも論じるという方法をとった。初期のテーマには、「台湾征討の軍の勝敗に依《よっ》て日本国の得失如何」「日本政府にて蚕種の保護は国の為に利か不利か」など、時事的なものが多くえらばれている。また、士族の家禄は財産かサラリーかというテーマで、練習をしたりした。その練習のため、寄席へいったり僧侶の説教をきいたり、ゼスチュアなどにも工夫をこらし、なるべく他人のきかないところでというので、両国橋の下に舟をつないで声をはりあげたりした。

さらに福沢は、演説会をさかんにするため、義塾のなかに三田演説館をたて、一八七五年にこれをひらいて公開とした。演説によって人びとを啓蒙するとともに、討論という形式によって反対派の存在をみとめるという思想をひろめていったのである。この演説館は、アメリカの会堂を参考として、福沢が私費をもってたてたものであって、坪数五七坪、さいわいに震災・戦災をまぬかれて、そのなまこ壁のすがたを、今日も三田山上にみせている。

三田演説館（日本最初の演説館であって，今日では国の重要文化財となっている）

明六社

一八七三年の暮、『学問のすゝめ』を執筆中の福沢は、外交官の森有礼《ありのり》から、かれがおこそうとしている結社の社長になるようもとめられた。この結社というのは、その年の夏に森が発起《ほっき》した学者の団体であった。これが明六社である。しかし福沢は社長就任を辞退し、けっきょく森が社長となった。明六社は、一八七四年二月に会則をととのえて発足した。そこには福沢をはじめとして、森有礼・西村茂樹・津田真道・西周・中村正直(敬宇)・加藤弘之・箕作秋坪らそのころの代表的な学者・思想家が参加した。かれらはいずれも洋学者であって、福沢と箕作をのぞいては政府につとめている知識人であった。そのもとの経歴をあらえば、薩摩出身の森をのぞく社員は旧幕府に関係がふかかった。

明六社は、その社会的活動として、演説会を開催し、機関誌の「明六雑誌」を刊行した。演説会は、定期会合での演説を公開にうつすというかたちで実施された。したがって原則として毎月一日と一六日に演説会がひらかれたのである。「明六雑誌」は、一八七四年三月に発刊され、翌七五年一一月に四三号をだして廃刊となった。これは、社での社員の演説筆記をまとめたもので、一冊二〇ページ前後の小冊子にすぎなかったが、毎号平均三千冊あまりも売れ、日本人の思想の革新に大きな影響をあたえた。

福沢諭吉も明六社の一員として活躍したが、とくにかれの活躍をめだたせたものは、「明六雑誌」の廃刊の提案であった。一八七五年六月に、政府は言論の自由をおさえるため、新聞紙条例と讒謗律《ざんぼうりつ》とを発布した。この法令のもとではたして「明六雑誌」の刊行が可能かが、とうぜん会員のあいだで討論された。そのとき福沢は、思想をあらためて政府の意をむかえることも、法令をおかして筆をふるうことも行なわれがたい、そういう状況のもとでは廃刊しかみちがないとのべ、それがうけいれられたのである。福沢のこの提案は、『学問のすゝめ』で最上策とした「正理を守て身を棄る」方法の実践としての意味をもっていた。

この二つの法令を契機として、文明開化に蔭がさしはじめたようであった。そういう情勢をみながら、福沢は、どのような活動を行なっていっただろうか。文明開化期の最後の光芒《こうぼう》ともいうべきかれの名著『文明論之概略』が刊行されたのは、ちょうどこのころ、すなわち二つの言論弾圧法令が発布されたのち、「明六雑誌」廃刊にいたる間の、一八七五年夏のことであった（出版の許可は四月にえている）。

『文明論之概略』冒頭の部分（数多い福沢の著述中，もっとも体系だったものである）

『文明論之概略』

文明論之概略

福沢諭吉が『文明論之概略』の稿をおこしたのは、一八七四年三月のころであったとされている。約半年でほぼ書きあげたのち、さらに半年間にわたって原稿に手をいれ、決定稿は七五年三〜四月のころにできあがった。六巻一〇章よりなっている。その間かれは、「中途にて著述を廃し、暫《しばら》く原書を読み、又筆を執り、又書を読み」という苦心ぶりであったと、一知人にあてて報じている。

なぜそのように苦心したか。さきの『学問のすゝめ』は、儒教思想にたいする痛烈な攻撃でもって、すこぶる歯切れのよい著述である。それは、気鋭の洋学者が威勢よくたんかをきっている感をいだかしめる。これにたいしてこの『文明論之概略』は、なかんずく「儒教流の故老に訴えて其賛成を得る」ことを目標としてあらわされたものであった。したがってこの書物の特徴は、むしろ説得のつよさにあるといえよう。

後年になって福沢はのべている。「読者は何《いず》れ五十歳以上、視力も漸《ようや》く衰え且つ其少年時代より粗大なる版本に慣れたる眼なればとて、文明論の版本は特に文字を大にして古本の太平記同様の体裁に印刷せしめたり」(『福沢全集緒言』)。ここにかれの周到な用意をみることができる。その「発行も頗《すこぶ》る広くして何万部の大数に達した」。その結果、「発行後意外の老先生より手書到来して好評を得たること多し」という反響があった(同上)。西郷隆盛は、この書物を愛読し、私学校の生徒にもこれをすすめたといわれる。

野蛮・半開・文明

『文明論之概略』をあらわすにあたっての福沢の立場は、「西洋の文明を目的とする事」であった。その点についてかれはいう。議論をするには自分の立場というものをきめておかなければならない、ここでの自分の立場は、日本を文明へすすませることである、今日の日本には、すすんで文明を追うか、しりぞいて野蛮にかえるか、この二つのみちしかない、このうち自分は、すすんで文明を追うという立場から議論をたてるものである、と。

文明へすすむか、野蛮へかえるか、このことをより明瞭にのべるために、福沢は、野蛮・半開・文明という範疇《はんちゅう》をうちだしてくる。すなわちかれは、世界の国々をこの三つに分類し、アフリカやオーストラリアを野蛮の国、トルコ・中国・日本などアジア諸国を半開の国、ヨーロッパ諸国とアメリカ合衆国を文明の国とし、日本は、半開の国から文明の国へすすむべきだとするのである。

そうして福沢は、人類は、野蛮→半開→文明という方向で進歩してゆくものだという。それでは野蛮とは

う。

ギゾーの写真（英訳本の『文明史』『The History of Civilization』, London, 1868年版所載のもの）

なにか。定住せず食物の貯蔵もなく、文字はあるかも知れないが文学はなく、「天然の力を恐れ、人為の恩威に依頼し、偶然の禍福を待つのみ」の状態である。これにたいして半開とは、農業はひらけ都会もできて、国の体裁は一応ととのっているが、文学はさかんであっても実学をつとめるもの少なく、ものの原理を追求する姿勢がなく、模倣は上手だが創造の才にとぼしく、習慣に圧倒されている状態であるという。

これらにたいして文明とは、自然界の法則をわきまえて、人びとの気風活発に旧慣にこだわらず、自立してことをなし、昔をしたわず今に満足せず、未来の大成をめざし、工商の業は日に日にさかんであるような状態である、と福沢はのべている。この基準からみれば、西洋の文明はかならずしも満足すべきものではないが、それは、今日の人類の到達しえた最高の地点であるから、ヨーロッパ文明を目的とさだめるものである、といっている。

こういう歴史観を福沢は、ギゾーの『文明史』とバックルの『英国文明史』から、おもにまなんだ。とくにギゾーの影響はつよく、「文明」の意義や西洋文明の由来については、ほとんどそれによった（小沢栄一「『文明論之概略』とギゾーの文明史」、「日本歴史」一四四）。

歴史や社会についての福沢のこうした見方は、「進歩」という観念をみちびきいれた点で、それまでの歴史観・社会観からことなるものであった。そうして福沢のこの態度は、二つの意味で画期的であったといえよう。

第一に、従来の改革思想は、なんらかの古えを理想の状態と考え、それへの復帰つまり復古をめざすものであった。堯舜《ぎょうしゅん》の時代が理想とされたり、神代があこがれの対象とされたりした。そうして現在は、そのような理想的な状態からはみだしたり、ずれたりしているわるい世の中だと批判されたのであった。しかし福沢においてはそうではない。かれにあっては、理想は過去にはなく未来にあった。人間は、過去をふりかえりそれをしたうものではなく、未来をめざしてすすむべきものであった。そうした態度は、人間をより主体的に現在にかかわらせてゆくこととなった。

第二に、日本を世界のなかに位置づけた。かつての閉鎖的な視野のもとでは、日本は、ある意味ではすべてであるととらえられていた。日本のそとに世界がある、いや、日本も世界のなかの一国であるという認識は、一部の先覚者をのぞいてはそだたなかった。たとえ唐、天竺《てんじく》のあることを知っていたにせよ、日本が中心で、それらはその周辺に配置されているというていどの認識であった。日本は他の国々と比較される存在でなかった。それだけに日本は絶対でありすべてであった。福沢は、こういう認識をうちやぶり、日本を世界の諸国の特定の発展段階に位置づけたのである。それは、とざされた認識からひらかれた認識への転換を人びとにうながすものであった。

それでは福沢の目的とした文明化は、どのようにして達成されるものだろうか。福沢は、この問題については、ほぼつぎのようにのべている。

文明化の順序

半開の国が外国の文明をとってゆくには、もとより取捨選択しなければならない。そのなにから先にとるべきか。文明には、外にあらわれる事物と内に存する精神との二つの区別がある。外の文明はとりやすく、内の文明は移植しにくい。国の文明をはかるには、そのむずかしいのを先にして、やさしいのを後にしなければならない。この順序をあやまると、かえって国の害となる。

文明の外形とはなにか。衣服・飲食・器械・住居から政令・法律にいたるまでのものがこれである。そのうち政令・法律は衣食・住居などとややことなり、有形のものであるが、売買のできる実物ではない。それだけに政令・法律をかえることは、衣食・住居などをかえるのよりもむずかしい。たとえば、鉄橋や石室をつくることはやさしいが、政法の変革はむずかしい。

これにたいして文明の精神とは、人民の気風をいう。この人民の気風は、売ることも買うこともできないばかりか、人力でにわかにつくることもできない。あまねく一国の人民のなかに浸潤《しんじゅん》してようやく全国の事跡にあらわれるというようなものであって、それには、気風の発達をさまたげているものをのぞき、おのずからにして人民一般の智徳を発達させるよりほかはない。

したがって文明化の順序は、まず天下の人心を一変させることである。それが行なわれたならば、政令・法律の改革も行なわれるであろう。そうして人心が面目を一新し、政法がすでにあらたまったならば、文明の基がはじめてできたといえるのであって、ここにおいて衣食住など有形のものは、まねかずしてくるであろう。有形のものを軽視するのではないが、精神なくして外形ばかりそなわるのは、かえって日本のために害がある。西洋派の衣食住の流行や断髪の男子をもって、文明化の徴候とはいえない。

福沢は、ほぼこのように説いて、外形優先の日本の近代化を批判し、気力の充実を第一の要務とするのである。それは、麦飯をくって文明をまなぼうと提唱した『学問のすゝめ』の精神を、さらにすすめた論議であった。

文明の本旨

それでは文明とはなにか。福沢は語をついで、この問題をくわしく論じている。かれはいう。いくら衣食住が安楽であっても、智徳発生の力を自由にしない状態は文明でない。智徳のみちがまったくはふさがれていないにしても、それを他に依頼してえる状態は、文明とはいえない。人びとのありさまが自由自在であっても、世を支配するものがたんに暴力であるならば、やはり文明ではない。さらに人びとが自由であって、権利をひとしくしていても、みんなが力を一人のためについやして全体の公利に目を向けず、幾世をへても発展のあとがないならば、文明とはいえない。

このように文明の内容を限定してきたうえで、福沢は、「文明とは人の身を安楽にして心を高尚にする」こと、すなわち「衣食を饒《ゆたか》にして人品を貴くする」ことである、と定義している。こういえば、古くさい定義だと思われるかも知れないし、福沢らしくもなく平凡だと考えられるかも知れない。じじつここでは、人間の権利如何は論じられていないし、近代社会の制度についても言及されていない。ただ福沢がここで強調したかったことは、文明とは外形の装飾でないということであった。かれは、いわゆる封建道徳のなかに高尚ならざるものを多くみていた。こうしてかれは、「文明とは結局、人の智徳の進歩と云て可なり」というのである。

もちろん福沢は、アジアにすぐれた人物がいないとするのでなく、また欧米の人物がことごとくすぐれているというのでもない。そういう個々の人物の優劣でなく、かれが問題とするのは、「全国に行わるる気風」なのである。「一国文明の有様は其国民一般の智徳を見て知る可し」とも、かれはのべている。この「気風」なくしては、文明とはいえないとまで、かれはいいきっている。

仁君は野蛮の産物

ようするに福沢がめざしていた日本将来の国家は、一人によって支配されるものでなく、国民の全体意志によってささえられるものでなければならなかった。

こうして福沢は、一人の支配つまり専制がいかに非文明的なものにささえられているかをあきらかにしようとする。かれはいう。おくれた人民にとって「天子は恰《あたか》も雷と避雷針と両様の力あるものの如し」であった。すなわち天子は、それに祈ることによってあらゆる災害をさけさせてくれるものであるとともに、たとえようもなくおそろしい存在でもあった。

おくれた社会にあっては、君主は一人で父母と教師と鬼神をかねた。それほどに君主はオールマイティであった。そういう社会では、その君主が私欲をおさえて徳義をおさめれば仁君明天子となった。逆に、私欲をたくましうして威力だけをほどこしたならば、暴君となった。仁君の政治は「野蛮の太平」であり、暴君のそれは「野蛮の暴政」である。いずれにせよ、この二通りのありかたしかなかった。恩徳でなければ暴威、仁恵でなければ掠奪《りゃくだつ》である。他のことについてもそれはいえるのであって、仁か不仁、孝か不孝、忠か不忠、義か不義、「正しく切迫に相対」するものであって「其間に智恵の働を容《い》れ」なかった。

ヨーロッパでは、一七〜八世紀のころから仁君が少なくなり、一九世紀にいたっては仁君も智君もなくなった。これは君主族の徳がおとろえたためではなく、人民一般の智徳がすすんだために、君主の仁徳もかがやく余地がなくなったのである。「今の西洋諸国に仁君を出すも月夜に提灯を燈すが如きのみ」。そういう意味では「仁政は野蛮不文の世に非ざれば用を為さず、仁君は野蛮不文の民に接せざれば貴からず」と、福沢は結論し、封建的な仁政思想を否定し去ったのである。

このような観点から日本の歴史をかえりみると、福沢には、西洋の歴史とはことなったさまざまの側面がみえてくるのであった。

その最大の特徴は、西洋の社会が自由を基本としているのに反して、日本の社会は権力が偏重《へんちょう》である点であった。しかも、と福沢は指摘するのであるが、日本でこの権力の偏重は、たんに政治の専制ということだけでなく、ひろく人間交際のなかにしみわたっていた。政府と人民のあいだには権力の偏重があり、それはめだつけれども、それだけではなく日本国中をいかに細分してみても、そこにはかならず権力の偏重がみられるとするのである。つまり権力の偏重は、日本社会の体質化しているというのが、福沢の指摘であって、その指摘は、既存の秩序に安住している人びとにたいして、原理的な変革をせまるものであった。

このように福沢は、日本社会の特徴をとらえたのち、さらにこまかく日本歴史または日本社会の特徴を箇条書き的にあげている。それを列挙すれば、つぎのとおりとなる。

治者と被治者と相分る。
国力王室に偏す。
政府は新旧交代すれども国勢は変ずることなし。
日本の人民は国事に関せず。
国民其地位を重んぜず。
宗教権なし。
学問に権なくして却《かえっ》て世の専制を助く。
乱世の武人に独一個の気象なし。
権力偏重なれば治乱共に文明は進む可らず。

その一つ一つが日本社会にたいする痛烈な批判ならざるものはない。こうして福沢は、日本社会には政権の交代はあったが発展はなく、「日本には政府ありて国民（ネーション）な」く、わが人民はおのれの精神をあげて古えのみちにささげる「精神の奴隷（メンタルスレーヴ）」とまで極言するのである。なお興味ぶかいことは、「独一個の気象」とは individuality の訳語であって、このことばは、今日では「個性」と訳されている。しかし個性という観念のない封建社会の人びとにとっては、このことばの意味が理解できず、「分タレヌ事」などと訳されていたが、ここで福沢によって、このように「独一個（人）の気象」というふうに、まだ熟さないとはいえ、本来の意味に訳されるようになってきているのであった。

日本の独立

福沢がこのように痛烈に日本の歴史と現状を批判したのは、日本を愛さなかったからでなく、逆に、愛国の心からのことであった。その愛国とは、日本の独立をはかるということにほかならなかった。

当時の日本は一応、独立国であった。しかしイギリス・フランスの両国は、一八七五年まで横浜に軍隊を駐屯《ちゅうとん》させていた。また日本は不平等条約に苦しんでいた。そういう条件をせおって、日本は、欧米列強との競争にいやおうなしにのりだしてゆかなければならなかった。はたしてこの競争にたえうるか。そう思うとき福沢は、人民すべてに独立の精神をもたせようとせざるをえなかった。いいかえれば人民をネーションにそだてようとしなければならなかった。

昭和のファシズム期になってから、「国体」ということばがよくつかわれ、それは、天皇主権の日本の国家的な特殊性をあらわすものとされた。福沢諭吉も、「国体」ということばをつかっている。しかしかれにあっては、国体とは民族的独立性とでもいうべきものであった。かれはいう。「国体の存亡は其国人の政権を失うと失わざるとに在るものなり」。したがって「印度人が英に制せられ、亜米利加の土人が白人に逐《お》われたるが如きは、国体を失うの甚《はなは》だしきもの」なのであった。

こういう意味から福沢は、当時の日本人のなすべきことをつぎのように規定している。

此《この》時に当て日本人の義務は、唯この国体を保つの一箇条のみ。国体を保つとは自国の政権を失わざることなり。政権を失わざらんとするには人民の智力を進めざる可らず。

こうしてかれは、つぎのようにものべる。

今の日本国人を文明に進るは此国の独立を保たんがためのみ。故に、国の独立は目的なり、国民の文明は此目的に達するの術なり。

このようにして福沢は、自主・独立にして積極的な国民性をつくりだし、外国人にたいしても自己を失わない人間をもって、日本をささえようとしたのであった。それが、この『文明論之概略』の趣旨であった。

その他の著述活動

福沢諭吉の明治初年のおもな著作は、『学問のすゝめ』と『文明論之概略』であった。

しかしそのほかにも、かれは旺盛な文筆活動を行なっている。一八七二年には『童蒙教草』・『かたわ娘』、七三年に『改暦辨』・『帳合《ちようあい》之法』初編・『日本地図草紙』・『文字之教』・『会議辨』（一説に一八七四年）、七四年には『帳合之法』二編、七六年には『学者安心論』、七七年には『分権論』・『民間経済録』初編などがそれであり、そのほか「民間雑誌」→「家庭叢談」→再刊「民間雑誌」を刊行した。

このうち『かたわ娘』は、福沢の唯一の小説で、既婚の婦人がまゆげをそりおはぐろをする風習があったのを、まちがった習慣であるといましめたものである。小説としては特記するほどの価値もないが、ひろく読まれた。また『帳合之法』は、アメリカの簿記学の書物の翻訳で、日本での最初の洋式簿記の書物である。それだけに福沢は訳語に大きな苦心をはらった。また原書にあるアラビア数字をそのまま用いるかどうか思案にくれたあげく、たとえば百二十三円四十五銭を一二三、四五とする方式を考えだした。その他の著作いずれも、啓蒙的姿勢のつらぬかれていないものはないのであって、そのことと、かれの関心の多方面にわたっていることは、今日のわれわれをおどろかせるにたりるのである。啓蒙思想家らしい百科全書派的な知識と見識のもちぬしであった。

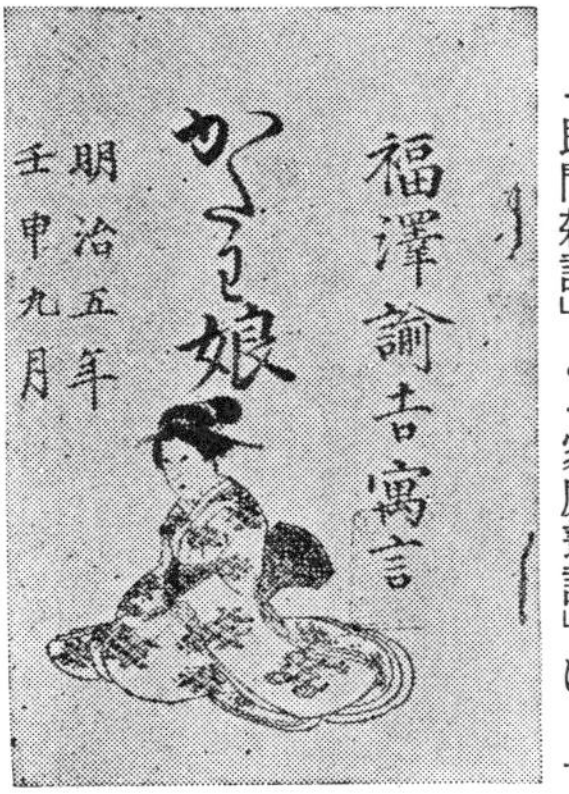

『かたわ娘』（世に評判になったとみえて，それをまねて，すぐ『かたわむすこ』という小説がでている。）

「民間雑誌」と「家庭叢談」は、一八七四年から七八年にかけて、慶応義塾から出版された啓蒙主義の雑誌である。前者は、おもに田舎の有志者に文明の事情を知らせるとともに、福沢自身も、かれらからの寄書《きしよ》によって田舎の事情を知るために刊行された。後者は、家庭内で親子が安心して読むことができ、しかも文明の精神をうけいれるようにとの趣旨から発刊された。「民間雑誌」「家庭叢談」ともに、非エリート層を対象とする福沢の啓蒙活動をあらわしている。

思惟方法の変革

価値の転換

明治初年のいわゆる文明開化期における福沢諭吉の活動は、ほぼ右のようなものであった。すなわちかれは、明治維新を、「此塾のあらん限り大日本は世界の文明国である、世間に頓着するな」といって、一日もかかさず洋書を講じながら迎えた。ついで文明開化へと情勢が急速にうごいてゆくなかで、かれは、政府からの出仕の要請をことわり、慶応義塾の経営に力をそそぎ、明六社社員としても活動する。その一方、『学問のすゝめ』『文明論之概略』をはじめとする活発な文筆活動をつうじて、三田先生福沢諭吉の名は全国に浸透《しんとう》していった。

日本の啓蒙思想を代表するこの二つの書物は、文明を規範とし、日本を半開として、その文明化に関する具体的な方策を論じた著述であった。そのなかで福沢は、身分制度・専制政治にたいする批判を痛烈に行ない、封建的「仁政」の欺瞞性《ぎまんせい》を徹底的にあばいた。

福沢は、文明の要件として、一身の自由と独立を力説し、従来の卑屈な気風から脱却するみちを「人間普通日用に近き実学」にもとめ、それがいかに欠けているかを指摘してやまなかった。さらにかれは、「自由独立の事は人の一身に在るのみならず一国の上にもあることなり」とのべ、一身の自由独立を一国の自由独立へとおよぼしていった。すでにかれは「一身独立して一家独立、一家独立して一国独立、天下独立」とのべていたが(松山棟庵あて書翰＝一八六九年)、一身の独立を、すなわち服従ではなく独立を、一国独立の基礎単位とすることによって、あたらしい国家体制の構想をうちだしたのである。

このこと自体、当時の一般の価値意識を転換させる論議であった。けれども福沢が批判したのは、そのように直接に政治にかかわる部門だけではなかった。ひろい社会的視野をもって、かれはあえて、封建的価値意識＝当時の美徳の対極にみずからを位置づけてゆくのであった。つまりそれによってかれは、日本人の思惟方法の変革をはかったのである。

われわれは、日常の生活の大部分を、既成の価値意識にしたがってすごしている。知らず知らずにそうしている。それほどに既成の考えかたや慣習は、われわれをふかくとらえている。そういう状態を夏目漱石はかれ一流の皮肉をもって、「世に因襲ぐらい便利重宝なものはない」と形容したが、それだけに既成の価値意識からわれわれ自身を解放してゆくことは、おそろしく困難であるといわねばならぬ。福沢諭吉は、そういう心情の深部にまで光をあて、人びとが意識していないものを意識させ、こうしてかれらが習慣的によりかかっていたものをゆりうごかしてみせたのであった。

楠正成と桃太郎

そのためにもっとも効果的な方法として、福沢はしばしばショック療法をとった。『学問のすゝめ』のなかで、かれが、主君への申しわけのために命をすてたものを忠臣義士というならば、主人の使いにいった権助が一両の金をおとして途方にくれ、首をくくったのと同様であって、いずれも文明に益するところがない、といい放っているのは、その好例であって、この議論は、忠臣の代表ともいうべき楠正成を召使の権助と同一視するものだとして、保守派の憤激を買った。この論議は、楠公権助論として今日にまで知られている。

子どもにたいしても同様であった。福沢は、一八七一年に息子の一太郎と捨次郎にたいして、「ひゞのおしえ」と題する帳面をこしらえてやり、毎日一か条ずつ教訓を書いてあたえたが、そのなかに桃太郎について、つぎのように記している。

ももたろうが、おにがしまにゆきしは、たからをとりにゆくといえり。けしからぬことならずや。たからは、おにのだいじにして、しまいおきしものにて、たからのぬしはおになり。ぬしあるたからを、わけもなく、とりにゆくとは、ももたろうは、ぬすびとともいうべき、わるものなり。もしまたそのおにが、いったいわろきものにて、よのなかのさまたげをなせしことあらば、ももたろうのゆうきにて、これをこらしむるは、はなはだよきことなれども、たからをとりてうちにかえり、おじいさんとおばばさんにあげたとは、ただよくのためのしごとにて、ひれつせんばんなり。

このように日本人の精神の姿勢をかえてゆこうとした福沢が、まず留意したのは、価値というものが相対的な正しさをもつにすぎないという点を強調することであった。それによってかれは、一方に偏して硬化した日本人の頭を、もみほぐそうとしたのである。こうした価値の相対性に関する論議は、『文明論之概略』

の冒頭にある「議論の本位を定る事」という章によくあらわれている。

この章で福沢がつよくしりぞけているのは、画一性である。自己を絶対とし他を全面的に否定しようとする態度である。それについてかれは、「他人の説を我範囲の内に籠絡《ろうらく》して天下の議論を画一ならしめんと欲する勿れ」といっている。こうしてかれは、議論はすべて利害得失を論ずるよりおこるものであって、その意味ではすべて相対的なものであるという主張をみちびいてゆく。「軽重長短善悪是非等の字は相対したる考より生じたるものなり。軽あらざれば重ある可らず」というかれのことばには、既成の価値を固執してそのほかの価値には目をひらこうとしない人びとを、説きふせてゆこうとする姿勢があった。

この点を一歩すすめるとき、「古来文明の進歩、其初は皆所謂異端妄説に起らざるものなし」という、積極的にあたらしいものの価値を擁護《ようご》する議論となる。福沢はいう。アダム＝スミスの経済説もガリレイの地動説も、いずれも異端妄説であった。近くは廃藩置県は妄説であったが、今日では実現している。「昔年の異端妄説は今世の通論なり、昨日の奇説は今日の常談なり。然《しか》ば則《すなわ》ち今日の異端妄説も亦《また》必ず後年の通論常談なる可し」。このようにしてかれは、歴史のながれにてらしてみれば、いかなる論議も相対的な正しさしかもたないことを強調して、時勢のあたらしいうごきに目をひらくよう人びとに説いたのであった。

利の追求の正当化

福沢諭吉は、封建社会の人びとが疑問に思うことをタブーとしていた忠誠の問題に、楠公権助論できりこんだのであったが、その一方で、かれらがあえて無関心をよそおっていた金銭の問題をも大胆にとりあげた。

福沢は、『文明論之概略』のなかで、「利を争うは即ち理を争うことなり」とのべている。そこでかれは利の追求を倫理化しているわけである。その考えをすすめてさらにかれは、一八八五年に「銭の国たる可し」という論文を書き、「銭を軽んずるの旧慣」を脱却させようとした。それよりも世人をおどろかせたのは、一八六八年より慶応義塾で公然と授業料をとりはじめたことであった。

それまでの私塾では、生徒が入学のさい束脩《そくしゅう》をおさめ、入学ののち盆暮に生徒がそれぞれ金子なり品物なりにのしをつけて、教師に進呈するのがならわしであった。ところが福沢は、「人間が人間の仕事をして金を取るに何の不都合がある、構《かま》うことはないから公然価を極めて取るが宜《よろし》いと云うので、授業料と云う名を作て、生徒一人から毎月金二分ずつ取立て」ることにしたのである。教師ともあろうものが金をとるとは、とこの行為は大いに議論をよび、生徒もきちんと水引をかけたりのしをつけたりして、授業料をもってきた。それを福沢は、こんなものをかけておれば中をあらためるのにじゃまになるといって、水引だけはがしてつきかえした（『福翁自伝』）。

このような金銭観は、それまでの金銭観と類をことにするものであった。封建社会に支配的であった金銭観は、武士的な金銭観と町人的な金銭観にわけられるが、武士的なそれは、金銭をいやしめるところにあり、そのことは、金銭をとりあつかう町人をいやしめる精神にもとづいていた。町人のそれは、かれらのみちが利を追求するところにあることをみとめていたが、そのかわり「名」をすてることをうけいれていた。

いいかえれば、武士は「利」をすてて「義」や「名」をとり、町人は「利」をとるかわりに「義」や「名」を断念したのである。

武士の金銭観と町人のそれは、このようにまったく相反していた。が、その二つは、利の追求は義の放棄を前提とするという認識では、奇妙に一致していた。すなわちいずれのがわにあっても、利の追求に心理的桎梏《しっこく》があったわけである。福沢は、そうした思惟の構造を破壊し、利の追求を倫理化する論理をうちたてたのである。それは、利の追求への心理的桎梏をのぞくという意味で、近代資本主義社会の精神になりうるものであったし、他方において労働の価値を正当に評価しようとする思想へもつらなるものであった。そのために福沢はしばしば拝金宗の徒と非難されたが、いわばそれは市民的な金銭観であった。

漢字制限と文体変革

このように既成の観念に痛撃をくわえる一方、福沢は、日本人の表現形態そのものにも手をそめた。それは国語問題へのかれの発言としてあらわれている。

すでにみたように、福沢は漢学の教養をもっていたが、生涯をつうじて平易な文章を書こうとつとめた。みずからのべているように、かれは「獅子身中の虫」として、封建文体の否定に力をつくしたのである。そういう努力のうえで特記すべきは、『文字之教』であった。

いみじくも『文字之教』と名づけられた福沢のこの著作は、じつは漢字制限の理念にたつものであって、そのはしがきにかれは、こうのべている。すなわち、日本に仮名がありながら漢字をまじえ用いるのは不都合である、しかし昔からのしきたりで、いまただちにこれを廃止するのも不都合なので、他日の漢字廃止のときの用意に、さしあたり漢字制限から手をつけるべきである、ここにのせたのは千にたりないほどの文字であるが、これだけを知っておれば、日用一通りの用はたりるであろう、医者と石屋は漢字のほうが便利だが、上る・登る・昇る・攀るなどは日本語ではノボルというのだから、仮名を用いるほうが便利である。

　このようにのべたのち、福沢は、「人　馬　行く　来る」といった調子で、このテキストをあんだのである。日常的な文字から順番におしえていって、非のうちどころがない。かれがここでえらんだ漢字は、今日の教育漢字とほぼ一致する。そればかりでなく、悪例をも示しつつ、文体の変革をも説いている。たとえば、「右の次第にて徒《いたずら》に三、四年の星霜を過ぎ、目今《もっこん》に至ては一身活計の方法もなく、春来旧友の家に食客相成居候処」は、「右の次第にて徒に三、四年をすごし、唯今となりては独身の世渡りにも困り、春以来友達の家に居候いたし候処」というふうにあらためるべきだというのである。

　福沢のこのような論議は、たんに国語学上の問題にとどまるものではなく、ひろく日本人一般の発想の変革にかかわる問題であった。かれは、空疎で誇大な漢文的発想を意識的に破壊しようとつとめたのであって、その結果、かれの文章は、平明さと正確さをかねそなえ、資本主義社会の思考を表明するにたえる形態を、ひとまずもつにいたった。

　契約によって結ばれる資本主義社会では、献身によって結ばれている封建社会よりも、はるかに厳密な表現を必要とする。そうした表現の創造に、福沢の努力の一半はかたむけられたのであって、かれは、いわば美文的名文を否定することによって、達文的名文をつくったということができる。

　また福沢は闕字《けつじ》を廃止した。闕字というのは、天皇なり将軍なりというとうとい字を文中にだす場合、そこで字をあける慣習である。福沢は、これが国法であるかどうかをたしかめたうえ、国法でもないのに「世間の先例」であるというだけでしたがうのをいさぎよしとせず、率先して闕字を廃止したのである。これは、発想さらには精神の変革の根本にかかわる決断であった。

文学と実学

　発想の問題を俎上《そじょう》にのせた福沢諭吉は、文学そのものをも問題としないではいられなかった。かれの文学観は、『学問のすゝめ』初編の「学問とは唯むずかしき字を知り、解し難き古文を読み、和歌を楽み、詩を作るなど、世上に実のなき文学を云うにあらず」という一句にあらわされている。そこにみられるとおり、かれの文学観は、文学無用論・文学否定論に近かった。

　このような福沢の文学観は、一八八三年に、慶応義塾の学生たちが文学会を組織して雑誌を発行したさい、その第二号によせた論説「文学会員に告ぐ」において、より明瞭にうかがうことができる。この論説は、かれの文学観をもっとも端的に示す資料であるが、そのなかでかれは、文学とは「英語

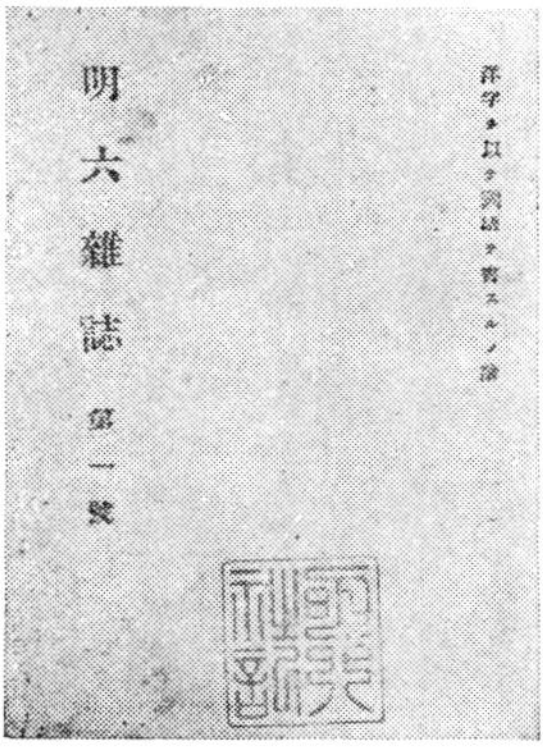

「明六雑誌」創刊号
（ここで展開された論議は，日本人の精神の姿勢をかえるのに大きなやくわりを果たした）

に所謂リテラチュールと云う義ならん」といいながら、「今単に文学会と云わば、或は之を支那風に解釈して、風月に唫《ぎん》じ詩文を弄《ろう》する会」になるだろうことを、つよくおそれている。

福沢諭吉は、「文学」ということばによって、漢詩・和歌の世界を想定していた。したがってかれの文学否定論は、漢詩や和歌に代表される武士的教養＝士人の文学の否定であった。かれがみずからをしばしば「殺風景」と称しているのは、身をもって文人的価値意識の破壊をはかろうとしたことを示している。その意味でかれの文学否定論は、反儒教であり、反徳川であり、ひろく反過去意識のあらわれであった。

その文学にかえるに、福沢がつよく推奨《すいしょう》したのは「人間普通日用に近き実学」である。その実学によって、かれは、「鄙事《ひじ》に多能なる」人間をつくりだそうとした。これは、細事にかかわらない英雄豪傑像の否定であって、それによってかれは、市民的な人間類型の成長を期待したのであった。その実学の根底におかれていたのが、物理学であった。

物理学主義

物理学は自然科学の中枢にある学問である。そうしてその物理学の発達は、ガリレイやニュートンを思えば理解できるように、近代精神そのものの発達でもあった。かれらは中世的世界観を大きくゆるがせたのであった。

その物理学の精神が文明開化の風潮とともに日本へ移植されてきたとき、それを鼓吹《こすい》した代表者は、福沢諭吉であった。すでに一八六八年に、かれが『訓蒙窮理図解』をだしたことはのべた。そこでとりあげられた「窮理」すなわち物理学の精神をば、福沢は、一八八二年になってつぎのように定式化している。欧州近時の文明は皆この物理学より出でざるはなし。彼の発明の蒸気船車なり、銃砲軍器なり、又電信瓦斯なり、働の成跡は大なりと雖《いえど》も、其初は錙銖《ししゅ》の理（＝こまかなこと）を推究分離して、遂に以て人事に施したる者のみ（中略）。物皆偶然に非ざるなり（「物理学の要用」）。かれは物理学をもって近代文明の精華とみとめ、さらにその物理学の精神の中枢を「物皆偶然に非ざる」こと、すなわち必然性の発見つまり自然の法則の発見にあるとしたのである。

事物を必然性においてとらえるということは、それを人間の主体性においてとらえることにほかならない。自然を、人間の主体性において把握することは、したがって、自然をかえられないものとする認識から、自然をかえることのできるものとする認識への転換を意味している。そうした意味から福沢は、べつの論説「攻防論」（一八八三年）のなかで、自然（かれは「天然」とよんでいる）を人間の闘争の対象としてとらえ、自然の攻撃にたいして「人為」の防禦線をできるだけひろげて、人力のおよぶ範囲をひろくすることこそ文明開化であるとのべ、自然を制してその活動を「不自由」ならしめることこそ文明であると論じた。

このことを福沢は、『文明論之概略』のなかで、「山沢河海風雨日月の類は、文明の人の奴隷と云う可きのみ」と表現している。いいかえれば、かれは、自然の法則を発見してその対応策をたて、人間が自由な生活空間を拡大してゆくことに、人類の未来を明瞭にみていたわけである。

この物理学主義は、いってみればそれまでの学問——つまり儒学の根本的な変革であって、倫理学を根底としていた儒学にかわって、自然科学があたらしい時代の学問の原理にならなければならぬという主張であった。そうしてこのような自然への主体的な態度の確立は、もう一つの自然的なものつまり既存の秩序への主体的な姿勢を、いやおうなしにもたらすものであった。福沢は、「既《すで》に天然の力を束縛して之を我範囲の内に籠絡《ろうらく》せり。然《しか》ば則《すなわ》ち何ぞ独り人為の力を恐怖して之に籠絡せらるるの理あらん」として、「人為の力」すなわち政治権力への盲目的服従からの脱却をよびかけているが、それは、物理学主義のべつの側面をかたちづくっていた。

女性の尊重

このように既成の価値意識をつぎつぎとうちやぶってきた福沢は、男尊女卑を当然とする空気のなかで、あえて女性の尊重をとなえ、また実行した。かれは、およそ不品行とはほど遠い生涯を送った。四人の男児と五人の女児とに全然わけへだてせず、「世間では男子が生れると大造《たいそう》目出度がり、女の子でも無病なれば先ず〱目出度いなんて、自から軽重があるようだが、コンな馬鹿気た事はない」という気持ちで子どもに接した。ときどきは癇癪《かんしゃく》をおこしたようであるが、全体としては家父長風をふかさず、「家の主人が出入するとき、家内の者が玄関まで送迎して御辞儀をする」こともなく、車にのってかえったときでも、玄関で車夫に「おかえり」とどならせるようなこともしなかった。

こうした女性尊重の意識は、『学問のすゝめ』八編に、つぎのように展開されている。すなわち福沢は、

「抑も世に生れたる者は、男も人なり女も人なり」、ところが「女大学」では、淫夫《いんぷ》にでも姦夫《かんぷ》にでも婦人はしたがわなければならない、「あまり片落なる教ならずや」というのである。そうして蓄妾の風習を「天理に背くこと明白」と批判している。そのようにかれは、一夫一婦制をつよく主張し、婚姻を愛にもとづく男女の平等な結合とする観点から、友人の婚姻契約に立会っている。

一八八五年に、福沢は『日本婦人論』をあらわして、自分の女性観をまとめて示した。そこでかれは、日本の女性の地位が非常にひくいとのべて、それをあらためるために女性に財産権をあたえよと論じ、つぎに、日本の女性には性の解放がなされていないと指摘した。さらにかれは、日本女性史の概説をこころみて、「女性の快楽自由は、古代に豊にして、近世に乏し」かったと結論し、「女性の自由を許すの工風なかる可らず」との立場から、家族の基本を夫婦にありとする原則と、夫と妻は平等でなければならないとする原則を確立すべきだと説いた。そのために姓のごときも、たとえば畠山と梶原が結婚すれば山原とすべきだとのべ、夫婦を基本とする家族を主張して、家本位の思想および男性専制の思想に挑戦したのであった。

悪徳の擁護

このように当時の美徳の対極にみずからを位置づけてゆく生きかたは、規範とする文明にたいするよほど明瞭な映像と、周囲の状況にたいするめざめた認識があって、はじめて可能であった。めざめた精神はうたがう精神に直結する。そのような意味から、福沢はうたがう精神の倫理化をはかってゆく。「信の世界に偽詐《ぎさ》多く、疑の世界に真理多し」とは、かれが『学問のすゝめ』ではいた名言であった。

こうして福沢は、封建的迷蒙からの脱却をよびかけた。またかれは、つぎのようにものべている。古人は疑の心を以て人間悪徳の一個条に数《かぞ》え込みたれども、今日の文明は、全く天地間の事物に疑を容《い》れたるに依《よっ》て達し得たるものなれば、疑の心決して之を人間の悪徳と云う可らず、若し強て之を悪徳とせば、今日の文明は悪徳の結果なり（「疑心と惑溺《わくでき》と」、一八八九年）。

このことばによって、福沢は、個々の反価値行動を収束する原理を示したのである。悪を原理と定置することによって、いかにかれは自己の行動に反倫理的な意味をこめていったことか。そうしてそれゆえに、かれは、それまで悪とされていた行動に、倫理的な意味をあたえることができたのでもあった。

世界の歴史の展開のなかで、日本の歴史にやせほそっているという感じがいだかれるとすれば、それをめだたせてきたのは、ある意味で、悪人らしい悪人の少なかったことにあると考えられる。秩序に反抗する人間、それにうたがいをいだく人間、それを無条件で信仰しえない人間は、もとより数多くでたが、自己の立場をあえて悪と位置づけえた人間はごく少なかった。多くの場合、わが身を反省するかたちで秩序の不合理性を相殺するか、自分の立場を「狂」ととらえることによって、秩序を自己もろとも否定し去るか、あるいは現世での改革を断念して、無用者との自覚をふかめてゆくかのコースをとった。

その結果、既存の秩序に対抗するあたらしい秩序のイメージは、多くの場合、結晶しきることなく、したがってあたらしい価値意識は、なんらかの既存の権威によりかかることによって、はじめてその正当性を主張しえたのであった。けれども福沢の場合はそうではない。かれは、悪を原理とすることによって、もっとも徹底したかたちでの価値の転換＝創造をこころざしたのであった。

啓蒙の旗手

であろう。

大きな影響力

福沢諭吉のこうした一連の活動は、ひろくふかい影響を国民にあたえた。かれのいうところは大胆で、表現は平易で露骨であり、意識的に奇抜ともみえる比喩《ひゆ》をつかった。そのことは、かれが従来のきまりきった表現方法からいかに自由であったかを示しているが、人びとにあたえたおどろきも大きく、そのおどろきをつうじて、かれらはあたらしいものへと目をさましてゆくこととなったのである。

それだけに福沢は、急進主義の代表的な人物とみられて、保守派から大きな反感を買った。かれがしばしば共和主義者とみられていたことは、そのなによりの証拠である。およそ社会で典型的に「悪」とされた存在は、大ざっぱにいって、徳川時代にあってはキリシタン、明治前期にあっては共和主義者、明治後期と大正時代にあっては社会主義者または無政府主義者、昭和時代にあっては共産主義者であった、またはその名をもってよばれたと思われるのであるが、福沢が共和主義者といわれていたことは、かれが頭のてっぺんから足の先まで急進主義者とみなされていたことをあらわしている。

このことはしばしば、福沢が明治政府に攻撃的であったとか、政府への抵抗の精神をたもっていたとかいう速断を生む原因となった。しかし福沢は、政府と敵対的な関係にあったのではなく、かれの影響はひろく政府部内へもおよんだのである。その意味において、福沢は政府と歩調をそろえていた、いやより正確にいえば、政府が福沢と歩調をそろえていた。こうしてかれの影響は、国民・政府の双方におよび、かれは文明開化の師匠としてのやくわりをはたしたのであった。

文部卿は三田にあり

福沢の論理と政府の論理との近似性をもっともよくあらわしているのは、一八七二年八月の「学制」である。日本に義務教育制をもたらしたこの「学制」は、『学問のすゝめ』と基調を同じうしていた。第一に、「学問は身を立るの財本」(「学制」)と、「学問を勧《すすめ》て物事をよく知る者は貴人となり富人となり、無学なる者は貧人となり下人となる」(『学問のすゝめ』)とは、学問を立身の手段にするという点において。

第二に、実学の奨励という点において、両者は基調を同じうしていた。「学制」には、「(学問は)詞章記誦の末に趨《はし》り、空理虚談の途に陥」ってはならないとあり、これは、『学問のすゝめ』にみえる「学問とは、唯むずかしき字を知り、解し難き古文を読み、和歌を楽み、詩を作るなど、世上に実のなき学問を云うにあらず」と論理を一にしている。

このように、『学問のすゝめ』にみえるあたらしい学問の概念の二つの特徴、すなわち学問を立身出世と関連づけること(これは、身分を基本とせず、能力を基本とする社会観と結びついている)、および学問は

明治初年の小学校の教室　（日本の白地図といろは図が壁にかかっている）

実学であるべきだということは、いずれも「学制」の論理とおなじなのである。

そればかりでなく、この「学制」の精神は、各地方官庁によって、各府県の就学告諭や学達《がくたつ》というかたちで、全国にひろめられていった。『日本教育史資料書』にのせられている奈良県就学告諭（一八七二年）や、堺県学達（一八七二年、今日の大阪府の一部）、また神山県告諭（一八七三年、今日の愛媛県の一部）などは、いずれもそうである。たとえば、神山県告諭にはつぎのようにみえており、それを読むとき、さながらに『学問のすゝめ』のイミテーションに接する感にうたれる。

　学問とは唯六ケ《むずか》敷《しき》字を読む斗《ばか》りの趣意にあらず、博く事物の理を知り近く日用便利を達するためのものなり(中略)。彼漢学者の詩を作り、和学者の歌を読み、古文に溺《おぼれ》て世事に拙き様の類にはあらざるなり。

また筑摩県（今日の長野・岐阜両県の一部）では、『学問のすゝめ』を管下の人口一〇〇人に一冊の割合で買いいれ、各区戸長に命じてくばらせた。

こうした事実は、そのころ福沢の著作とくに『学問のすゝめ』が、中央官庁によってもまた地方官庁によってもひろく読まれ、ためらいなくうけいれられ、十分に利用されてきたことを示している。したがってそれが極端になると、『学問のすゝめ』初編が、明治五年五月付愛知県発行、福沢諭吉述『学問のさとし』というような偽版として刊行されるようにもなった。早稲田大学所蔵の「大隈文書」のなかには、それと同文のものが「教育ニ関スル布告文案」としておさめられている。

そういうありさまであったから、福沢の著述が教科書に用いられたのは、当然のことであった。『小学教則』（一八七二年）にかかげられた教科書には、福沢の『童蒙教草』『学問のすゝめ』『訓蒙窮理図解』『西洋事情』などがはいっている。だからそのころ、「文部省は竹橋にあり、文部卿は三田にあり」という世評も生まれた。

このように福沢の論理は、政府によって十分に利用し活用できるものであった。政府の随一の実力者である大久保利通は、かれを政体取調委員にしようとしたし、また、福沢と大久保は面会して談話したりしている。福沢のほうでも政府を真向から攻撃していない。なるほどかれは、文明に至上の価値をおいて、既成の価値意識をかえようとした。しかしかれは、明治政府を基本的には文明政府とみとめるようになっていたから、そこには真向からの対立はあるはずもなかった。ときおり福沢は、政府を「多情の老婆政府」などといって、民間に干渉しすぎると非難しているが、それは明治政府に顕著な「御上」的な意識を攻撃しているのであって、政府の推進しようとしている方向つまり日本の近代化には、なんらの異論をもたなかった。

民衆のうけとめかた

しかし福沢の論理がそのようであったということは、読者がその論理をそのままうけとったということにはならなかった。読者の大部分をしめる民衆は、かれらの生活体験や生活感情をもととして、福沢の著作をとおして、自己の精神の視野をそれぞれの流儀でひろげていった。福沢が保守派からにくまれただけ、それだけかれの名は、封建制度の重圧から形式的には解放されたばかりの、そうして実質的にはそれにまだ苦しんでいる人びとのうえに輝きわたったことであろう。

武蔵国調布上石原の地主の息子である中村重右衛門は、福沢諭吉の著書をむさぼり読み、やがて自由民権運動に参加した。かれは慶応義塾への入学を念願としたが、家庭の事情でそれがかなわなかったため、後年になって長男の純一を入学させて、少年の日の夢の実現をわが子に託している（田中紀子「中村重右衛門伝」、「多摩文化」九）。

尾張国海部郡鍋田村の庄屋であった佐久間国太郎は、福沢の『西洋事情』を読んでこれに心酔し、やがて自由民権の思想をいだいて、国会開設運動に奔走するようになった。かれも息子の山治を慶応義塾へいれた（武藤山治『私の身の上話』）。阿波国榎瀬村の中川竹次郎は、農業のかたわら藍商売をしており、読書人であったが、いとこの鳥居竜蔵が家業をつごうか東京へ遊学しようかと思いまどっていたとき、本人の決心にまかすようとりはからってやった。中川は、「福沢流の学問を好み、かの『明六雑誌』などを読んでおられて、頗《すこぶ》る文明開化人であった」（鳥居竜蔵『ある老学徒の手記』）。

下野国小中村の田中正造は、福沢諭吉の『帳合之法』を読んで感激した一人である。かれは自分が番頭となった酒屋の経理に、さっそくこの『帳合之法』を適用して、経理を近代化しようとした。しかしそれはたぶん、にわとりを割くに牛刀をもってするのたぐいだったのであろう、経理にかえって「混雑を生ぜしめ」て失敗におわった（『自叙伝』）。あるいは山本有三の『路傍の石』を読まれた方ならば、主人公の愛川吾一少年が『学問のすゝめ』にひきこまれ勇気づけられてゆくくだりに、わがことのような共感をいだいたことを記憶しておられよう。

土佐国の少年である植木枝盛も、福沢諭吉からつよい影響をうけた。一八七五年に数え年一九歳で上京すると、かれは、寸暇を惜しんで独学にはげんだ。当時のかれの日記をみると、せっせと三田演説会と明六社演説会へかよったばかりでなく、『学問のすゝめ』や『文明論之概略』を熱心に読んでいる。かれの思想の形成には、福沢諭吉の影響がもっともつよかった。

しかしその結果、植木枝盛は、福沢とはことなった思想体系をつくりだしている。かれはのちに自由党左派の代表的な理論家に成長した。植木の「民権田舎歌」に、「天の人間を造るのは、天下万人皆同じ、人の上には人はなく、人の下にも人はない」とあるのは、『学問のすゝめ』初編の冒頭の部分をうけついだものであるが、そのうけつぎかたは、福沢のもっとも革新的な部分を、それも政治的な要求にまでたかめてうけつぐというかたちをとっているわけである（家永三郎『植木枝盛研究』）。

肥後国の豪農の息子である徳冨猪一郎（のち蘇峰）にとって、「福沢は標的の一人であった。彼の同志社時代、『学問のすゝめ』は一冊出る毎に購《あがの》うて、批圏《ひけん》で真黒にしたものである。十五、六の彼は坊間売って居る福沢の写真の裏に『君コソハ我畏友ナリ』と書いて居た。彼の家塾の課外読本には福沢の文があった」(徳冨蘆花『富士』)。のちにかれは、『国民之友』を発刊して平民主義をとなえるようになった。

知識人のあいだにも福沢の影響は、このようにつよいものがあった。そうしてその影響は、近代日本の代表的なクリスチャンの一人である小崎弘道にまでおよんでいる。小崎は、蘇峰とほぼ同じころ同志社の学生であった。のちに『政教新論』をあらわして儒教道徳を攻撃したが、その書物のなかには『文明論之概略』の名がみえており、両書のあいだには発想にかなりの類似性がみとめられる。

精神への衝撃　これらの事実は、福沢諭吉の著述がそのころの人びとの近代意識へのめざめに大きくはたらいたことをものがたっている。近代意識にめざめるとは、「独立」とか「自由」とか「平等」とか「権利」とかいう観念にめざめ、それを身につけることにほかならない。福沢を媒介としてそれにめざめた人が多かっただけに、極言すれば、福沢は、文明開化を一身に背負ったかたちとなり、「自由」や「権利」の総本山とみられるようになっていたわけである。

しかしそのようなうけとめかたは、もっともな根拠をもっていたといわねばならない。士農工商という定まった身分的秩序のうちに生きてきた人びとにとって、「今より後は日本国中の人民に、生れながら其身に付たる位などと申すは先ずなき姿」といわれることは、たしかに衝撃的であったろう。「万人は万人皆同じ位にして、生れながら貴賤上下の差別なく」ということばは、どんなに新鮮に感じられたことであろうか

（以上『学問のすゝめ』）。

ついさきごろまでのしかかっていた幕府が、こっぴどく罵倒《ばとう》されていることもまた、人びとに勇気をあたえたにちがいない。とくに、そのころ人びとの大多数をしめ、封建権力の重圧を一身にうけていた農民や、農民のうちの有力者であって実力をたくわえながらも武士に頭をおさえられていた豪農にとっては、そうであったろう。

福沢諭吉の寄付でたてられた小学校
（今は保育園となっている）

その農民にたいして福沢は、「今日の土百姓《どんびやくしよう》も明日は参議と為る可し、去年の大輔《たいう》今年は町人なり。貴賤は廻り持ち、貧富は順番、面白き世の中にあらずや（中略）。富貴の門に閂《かんぬき》はなきものぞ」と激励していたのである（「農に告るの文」、一八七四年）。そのうえかれが、『学問のすゝめ』のなかで佐倉宗五郎（惣五郎）をほめたたえていることもまた、農民を勇気づけたろうと推測される。福沢が佐倉宗五郎をほめたたえたのは、民衆の革命化をふせぎながら身をすてたという評価を強調するためであったが、宗五郎は農民にとっては偶像的な存在であっただけに、どのような観点からであれかれをたたえたことは、農民を勇気づける結果にならざるをえなかったであろう。

小川武平の場合

一八七四年に千葉県埴生郡長沼村（現在の成田市）の用掛（もと百姓代であった）をつとめる小川武平が、『学問のすゝめ』を読んでいたく感奮し、折から同村におこっていた係争事件の解決を福沢諭吉にたよっていったのは、農民の眼に福沢と宗五郎が二重うつしされていたであろうことを示す好例である。長沼村は、江戸時代このかた長沼という沼を所有し、その村民はこの沼の漁撈《ぎょろう》によって生活をたてていたが、その所有権は、このころになって近隣一五か村と県吏によっておびやかされるようになった。

村民の建てた福沢の頌徳碑
（権利回復のきまった3月29日には今もここに福沢の写真をかざり，おみきをそなえて祭りが行なわれる）

係争事件というのは、この沼の所有権をめぐる両者のあらそい、長沼村のほうからいえば、長沼の所有権を確保しようとするあらそいをさすのである。この事件にさいしての県吏たちの態度は横暴をきわめ、村民たちは近くの宗五郎の社にかわるがわる日参するというありさまであった。そうしたなかで小川は、『学問のすゝめ』を読んで未知の福沢をたよっていったわけである。

福沢は小川から事件の大要をきいてこれに同情し、願書をこしらえてやったり、千葉県令に直接にたのんでやったり、小川がこの事件で上京するさいにはいろいろ世話をしたり、長沼が長沼村の所有と決定する一九〇〇年まで二六年間にわたり、この事件に尽力している。福沢のほうでもこの小川に宗五郎の面影をみたのであろう。そうしてかれは、村民が文字を読めないためこのような憂目《うきめ》をみるのだといって、小学校の設立費として五〇〇円を寄付してもいる。なお、この小川は、五二歳になってはじめて手紙を書いた人だというが、それほど文字に縁遠い人にして『学問のすゝめ』を読んだということは、この書物がいかにひろく読まれたかの証左といえるだろう（増島信吉『福沢先生と小川武平翁』）。

林金兵衛の場合

福沢諭吉にたいする林金兵衛の態度も、小川武平のそれとやや似たものであった。一八七八年に、愛知県春日井郡小牧町近傍の四三か村は、地租改正における負担の軽減を要求して、県当局の処置をせめるようになった。村々は団結して、地租改正事務局へ一〇数回にわたって嘆願書をさしだし、百姓一揆をくわだて、また折からの天皇の来県にさいしては直訴《じきそ》しようとまでした。もと郡会議長であった林金兵衛は、この事件にあたって、一方ではそうした大衆運動をおさえながら、他方では村々の惣代となってその要求をとおすように努力した。その過程で林らは「民権家の泰斗として国民に仰がれ居る」福沢諭吉をたよってきたのであった。福沢は、かれらと会見して事件のなりゆきをきき、「静粛に気長くしかも根づよく役人の注意をひきつけよ」とさとしたのち、地租改正事務局総裁の大隈重信や同副総裁の前島密に手紙をおくるなど、この事件の解決に尽力した（津田応助『贈従五位林金兵衛翁』）。この事件もまた、福沢が民衆の権利をまもってくれる代表的人物と、社会的には評価されていたことをものがたっている。

　これらは、福沢諭吉の著述がいかに人びとをめざめさせていったかの、ほんのわずかな実例にすぎない。そのようにかれの思想は、他の思想家をはるかにとびこえる規模をもって、直接に国民の心にくいいり、自由・独立の観念の土着化に、また文明の映像の移植にいきいきと機能した。そうした意味でかれのこの時期の活動は、言論の有効性についてあたらしい問題を、今日にまでなげかけているのである。

　俊秀の官僚である井上毅《こわし》が、「進大臣」という文書のなかで、「福沢諭吉ノ著書一タビ出デ、天下ノ少年、靡然《びぜん》トシテコレニ従ウ、ソノ脳漿《のうしょう》ニ感ジ、肺腑《はいふ》ニ浸スニ当テ、父ソノ子ヲ制スルコトアタワズ、兄ソノ弟ヲ禁ズルコトアタワズ、コレアニ布告号令ノヨク挽回《ばんかい》スル所ナランヤ」とのべているのは、福沢の言論の有効性を、政府のがわから証拠だてている。

民権と国権

自由民権

このように福沢諭吉の名前が若い心をとらえていったころ、日本の社会には、あたらしい運動がほうはいとおこってきていた。その運動とはいわゆる自由民権運動であって、それは、思想運動であるとともに政治運動であった。

明治維新がなにをもたらしたかという疑問は、当時の多くの人びとにいだかれたところであった。それによって、徳川幕府二六〇年の専制はうちくだかれたが、あたらしくうちたてられてきたのは、べつのかたちの専制政治ではなかったか。薩長藩閥がこれであって、成立当初は「万機公論ニ決スル」ことをよそおった政府も、一八七一年の廃藩置県とともに、「公議輿論」をしだいに口にしなくなった。明治維新の精神ははたして実現されたか、こういう疑問が、とりわけ権力から排除された人びとのうちにつよく意識されたのは、さけがたいなりゆきであった。

一八七三年一〇月のいわゆる征韓論の分裂は、こうしたあたらしい時期へのきっかけとなった。この政変によって辞職した前参議の板垣退助ら八人は、翌七四年一月、「民撰議院設立建白書」を左院に提出し、そのなかで「有司の専裁」をやめて「人民の輿論公議を張る」ことを要求し、納税の義務をおうものは参政の

自由民権運動の一光景
（民権派の弁士がさかんに演説している）

権利をもつべきだと、人民の参政権を主張した。これをきっかけとして民選議院論が急速にたかまり、やがて一八七七年の西南戦争ののちは、大衆的な政治運動として展開されるようになった。

　そのころのある書物によれば、「権理（当時は権理と書いた）の文字は、近頃流行の物」となったとある（石井南橋『明治の光』、一八七五年）。自由民権運動は、おもに国会開設運動として展開され、各地の有志者たちは、ぞくぞくと建白書を政府に提出した。そうして一八八〇年には、かれらの全国的な組織として国会開設期成同盟がつくられるまでになった。その一方、民間ではさかんに憲法私案がつくられたが、そのほとんどは、主権が人民や国家にあるとするもので、天皇主権の立場をとる政府を思想的におびやかした。

民権論の主領

　こうした自由民権思想の勃興《ぼっこう》や自由民権運動の展開に、福沢諭吉の思想が大きな影響をあたえたことは、前項にあげた諸事実からうかがい知られよう。福沢自身は、明治政府に敵対的ではなかったにもかかわらず、かれの思想が国民意識の覚醒《かくせい》にきわめて有効にはたらいただけに、かれは、かれ自身の表現をかりると、「民権論の主領」とみなされるようになっていったのである。

福沢諭吉は、国会開設に反対ではなかった。かれは、国会がいずれ開かれねばならぬものだと考えていた。そればかりでなく、国会をはやく開くべきだとも考えるようになった。そういう考えを、かれは、一八七九年に文章にまとめ、そのころ「郵便報知新聞」の主筆をしていた門下生の藤田茂吉と箕浦勝人をよんでこれをみせ、その年の夏に「郵便報知新聞」の社説として連載させた。これが「国会論」と題する文章であって、そのなかでかれは、国会の早期開設をとなえている。

国会開設論者としての名声がひろくひびいていたせいであろう、一八八〇年に神奈川県の有志者たちは、国会開設の請願書を元老院に提出しようとしたさい、その文章の起草を福沢に依頼してきた。その直接のあっせんにあたったのは、慶応義塾の卒業生松本福昌であって、かれは小田原の人であった。福沢は、松本の依頼をこころよくひきうけて請願書を起草し、その文は、神奈川県相模国足柄下郡・陶綾郡・大住郡・愛甲郡・高座郡・鎌倉郡・三浦郡四七一町村一八七六一名総代松本福昌ほか一三名の連署をもって、一八八〇年六月七日、元老院議長大木喬任のもとへ提出された。署名するものみな、土地の有力者であった。令名高い福沢先生の文章をもらったというので、松本の人気は一時とみに高まった。

この間の事情を福沢は、のちになって、「(郵便報知に論説をのせてから)凡《およ》そ二、三ヶ月も経《た》つと、東京市中の諸新聞は無論、田舎の方にも段々議論が喧《やかま》しくなって来て、遂には例の地方の有志者が国会開設請願なんて東京に出て来るような騒ぎになって来た」とのべている(『福翁自伝』)。自分の議論が国会開設運動の導火線になったというのは、事実でないが、かれの論議が自由民権運動をおしすすめる有力な一要素であったことは、否定できないところである。

国会開設の論理

けれども自由民権派と福沢とは、おなじように国会の開設を要求したといっても、両者の論理は、まったくといってもよいほどちがっていた。自由民権派の国会開設の論理は、納税の義務とひきかえに国政への参加をもとめるものにはじまり、ルソー的な天賦《てんぷ》人権論にもとづくものにおよんでいる。そうしてこの国会開設論がひろく民衆の支持をうけたのは、かれらが国政に参加することによって、政府の浪費を監督できると考えていたからであった。

一八八〇年前後には、政府の財政の大半は地租でささえられていた。したがってその負担者は農民であった。所得税法が制定されたのは一八八七年のこと、しかも当初はその額は微々たるものにすぎなかった。このようにおもな租税負担者である農民にたいして、一八七三年以来、地租改正が進行中であった。しかし地租改正はかれらに減税をもたらさなかった。そればかりでなく、年々増大する財政規模は、かれらの肩にいよいよ重くのしかかっていった。それだけに減税へのかれらのねがいは切実なものがあった。民権運動家たちは、こうした農民にたいして、国会開設がやがて減税を結果することを説き、それは農民を運動に参加させるのに、すこぶる有効な論理として機能した。

しかし福沢諭吉の国会開設の論理は、これとはまったくことなっていた。それではかれは、どのような理由によって国会の開設をのぞんだのだろうか。

福沢が神奈川県人民のために代筆した国会開設の請願書は、ほぼつぎのようにのべている。今日のありさまでは、日本は政府の日本であって人民の日本でない。だから人民は、政府の困難を自分の困難と考えない。それでは政府の困難とはなにか。最大の困難は国財の不足である。ところが人民はすすんで国財の不足を解消しようとはしない。このように福沢はのべてきて、「政府に国財を集むる能《あた》わざるは、民心を収むる能わざるが故なり。此民心を収むるの法、如何にして可ならん。唯国会開設の一策あるのみ」と結論するのであった。

福沢諭吉のこの主張には、政府の国家から人民の国家へという意図もふくまれてはいた。しかし実際にはかれの国会開設論は、国財をあつめるためのもっとも効果的な手段としてとなえられたというべきであろう。とすれば、つぎのようにいうことができよう。自由民権派の国会開設論は減税のための国会をめざしていたのにたいし、福沢の国会開設論は増税のための国会をめざしていた、と。

なぜ福沢は、それほどまでに増税に固執したのであろうか。それは富国強兵のためであった。かれによれば、国会は富国強兵のためのものでなければならなかった。一八八一年にあらわした『時事小言』は、そのころのかれの政治思想をよくあらわしている。それによれば、今日の急務は、㈠政権を強大にすること、㈡国庫をゆたかにすること、㈢産業を振興することであるとされた。そうして国会はこの三つの急務の遂行に寄与するものでなければならなかったのである。

ここで福沢が急務としていることは、つきつめていえば、政府を中心とする資本主義化ということであろう。したがって国会の開設は、福沢にあっては、権力の集中のためでこそあれ権力の分散のためであってはならなかった。かれはのべている。

我輩の開国会説を主張するも、唯政府の権力を強大にして国事を活発ならしめ、直行無忌憚《きたん》の政を施さんとするの主義より外ならざるなり。

また、減税への農民の痛切なねがいをよそに、あえて増税の必要をさえ説くことは、農民の立場からとおいものであったともいわなければならない。資本主義化は、そのような農民の犠牲においておしすすめられる。福沢は、日本の急速な資本主義化のために、農民の立場をかえりみるゆとりをもたなかった。生涯をつうじて、かれは、農民保護の立場をうちださなかった。

枯野に火をつけた

こういう立場をとる福沢にとっては、自由民権運動のとめどない高まりは、やがて危険なものと感じられるようになった。「物数奇《ものずき》な政治論を吐て、図《はか》らずも天下の大騒ぎになって、サア留めどころがない、恰《あたか》も秋の枯野に自分が火を付けて自分で当惑するようなものだと、少し怖くなりました」(『福翁自伝』)。とくに一八八一年になると、北海道の国有財産を薩摩出身の商人にただ同然で払下げようとしたいわゆる北海道開拓使官有物払下げ事件がおこり、民権派の政府攻撃はますますはげしくなった。民権派の壮士たちは、しきりに福沢をたずねてきたし、慶応義塾の学生のうちには政治論がさかんとなった。

福沢自身はこういう傾向を苦々しく思い、自宅へたずねてくる壮士にもできるだけ取りあわないようにした。北海道開拓使官有物払下げ事件についても、かれは、政府の決定を支持する態度をとり、民権派の政府攻撃にはすこぶる冷淡であった。しかし自由へのめざめについてのかれの影響が大きかっただけに、民権運動のたかまりとともに、かれは政府から危険人物とみなされるようになっていった。

そのころ政府部内でも国会開設をめぐって、深刻な対立がきざしつつあった。一八七八年に大久保利通が暗殺されたのち、明治政府の実質的な指導者となったのは、大隈重信と伊藤博文であったが、大隈は国会の早期開設をとなえて、漸進説をとる伊藤そのほかの官僚と対立した。そこへ北海道開拓使官有物払下げ事件がおこって、民間からの政府攻撃がつよまったが、そのさい、大隈と福沢がむすんで民間の政府攻撃をあおっているという風説がとんだ。そこで一八八一年一〇月、ちょうど大隈が明治天皇の東北・北海道巡幸に随行して東京をはなれているときに、伊藤は、岩倉具視や井上毅とはかって、大隈を政府から追放するクーデターを決行した。そうして官有物の払下げを中止するとともに、九年後の一八九〇年をもって国会を開設するむねの詔勅をだした。

この事件は、ふつう明治一四年一〇月の政変といわれている。そのときには三田はまるで謀叛人あつかい、慶応義塾出身の役人は、福沢の党類とか大隈の末社とかいわれて、ほとんど免職になった。福沢のもとへは政府のスパイがはいりこんだり、かれのところへとどく手紙は、たいてい封をきられているといわれたりした。主観的には政権の強化をめざしていた福沢にとって、これは、「如何にも不審に堪え」ないことと思われた。

内安外競

こうした危機的な状況にさいして福沢は、かれの政治思想を転回させはじめた。その転回がどんなものであったかは、一八八一年七月二九日、ちょうど官有物の払下げが閣議で決定された日に脱稿された『時事小言』によく示されている。

この書物は、「民権論の喋々《ちょうちょう》たる」ときにあたって、「世の風潮を穏《おだやか》にせん」という意図から、「駄《だ》民権家の気に入らずして評論を受ること」も「毫《ごう》も憚《はばか》るに足らず」としてあらわされた。それだけに自由民権運動への批判的な姿勢がいちじるしい。その批判的な姿勢を、福沢はつぎのように示している。

此輩が興に乗じて頻《しき》りに民権論を唱えて却《かえっ》て大に忘るる所のものあるは、記者に於て再び不平なきを得ず。即《すなわ》ち其忘るる所のものとは何ぞや。国権の議論、是なり。

このように福沢は、国権の問題をとりあげ、民権の主張にかたよることは国権をのばすのをさまたげるとするのである。

福沢はこれまでも、国権を問題としなかったわけではない。『文明論之概略』でも、「国の独立は目的なり、国民の文明は此目的に達するの術なり」とのべている。それほどにかれにとっては、国の独立は重要な課題であった。しかしそのさいの論理は、『文明論之概略』の文脈にあきらかなように、国権をのばすには国民の文明をすすめることすなわち民権をのばすことを必要とするにあった。民権をのばして自主独立の国民をつくることが、国権の伸張の前提条件とされていた。ところが『時事小言』の論理は、それとはことなっている。国権をのばすために民権にかたよることをやめよというのである。

民権と国権がどのようにかかわっているかについての福沢の論議は、はじめはこの両者があいおぎなうものとするにあった。ところが『時事小言』から、この両者は矛盾するものととらえられるようになっている。こうしてかれは、民権をつよく主張することは、国内のあらそいを激化させる、いまはそういうことをやめ、国民が力をあわせて外に向かうべきだとするのであった。これをかれは、「内安外競」といっている。

「内安外競」とは「消極を去て積極に向」かう主義とされた。こうして「西洋諸国の人民と鋒《ほこ》を争わん」とするとき、日本はなににたよるべきだとされただろうか。福沢のはじめの考えによれば、自主独立の国民こそ、日本のにない手であるべきであった。しかしいまではそうでない。民権をのばすことをおさえようとする姿勢を示す以上、福沢は、もはや自主独立の国民を正面にもちだすことはできない。かわってかれがたのもうとしたのは、武力であった。「苟《いやしく》も今の世界の大劇場に立て西洋諸国の人民と鋒を争わんとするには、兵馬の力を後にして、又何物に依頼す可きや。武は先にして文は後なりと云わざるを得ず」。こうして「外国交際の大本は腕力に在り」とされるのであった。

それとともに国権の意味もかわってくる。もともとそれは日本国の独立を意味していた。不平等条約からぬけだして欧米列強にたいして対等の地位を確立することが、福沢の念願であった。しかしいまはそうではない。欧米列強と競争するという意味で国権を問題にすることは、積極的な対外進出を意味するようにな

1882年の福沢（この年かれは47歳，文明開化主義から富国強兵主義へ転回をとげた）

る。それは具体的には、アジアへの日本の進出ということであった。アジアの市場を欧米列強とあらそうことであり、やがては政治的支配をあらそうことでもあった。そのことを福沢はかくそうとはしなかった。「亜細亜東方の保護は我責任なりと覚悟す可きものなり」とかれはいっている。

こうして福沢は、民権と国権を対立するものととらえて国権優先の立場をうちだしてゆく。その主張をより明確に、またより詳細に展開するために、かれは、一八八二年三月一日に、「時事新報」を創刊することになる。こののちのかれの思想は、章をあらためてのべるべき性質をもっている。

近代化とは

文明開化の大先達であった福沢諭吉のこのような転回は、たんに福沢個人の問題ではなく、一般に日本の近代化の性質について考えさせる問題をふくんでいる。いったい近代化とはなにかという場合、それは資本主義化だとこたえることもできるし、政治の民主主義化だとこたえることもできよう。資本主義も民主主義も、封建制度がうちやぶられたのちにはじめて樹立されるものである。それではこの資本主義化と民主主義化とは矛盾しないものかどうか。

こたえは、それぞれの国においてちがっている。先進国たとえばイギリスやアメリカやフランスでは、資本主義化と民主主義化とは矛盾しないばかりでなく、あいともなうべきものとされていた。個人の解放が自由な産業活動をうながし、それがさらに個人の自由を拡大させてゆくという方向を、基本的にはたどってきた。しかし日本の場合はどうか。この問題を福沢諭吉という大思想家についてみるならば、はじめはあいともなっていた資本主義化と民主主義化は、かれが『時事小言』を書いたころから、はっきり矛盾するものと意識されるようになった、ということができる。政治的民主主義は資本主義化をおくらせる、また逆に、日本の資本主義化は民主主義を犠牲にしてもいそがれねばならぬ、かれのこのころの思想を要約すれば、ほぼそのようになろう。

民主主義化か資本主義化か、この二者択一に直面したとき、福沢はすすんで資本主義化をとった。これが第一のポイントであったとすると、第二のポイントは、福沢が民権の主張をやめたとき、軍備の拡張を主張しはじめたということである。自主独立の国民を真にたのむならば、一体なにをおそれる必要があろう。ただその国民をたのみにしなくなったとき、あるいは国民をおそれるとき、かれは、たのむべきべつのものを求めなければならなくなる。それが軍隊であった。そこからわたくしたちは、国民をおそれるものが軍備に狂奔《きょうほん》するという命題をひきだしうるかも知れない。

第一のポイントはいわば富国の論理である。これにたいして第二のポイントは強兵の論理であるということができよう。それまでの福沢の思想は文明開化的なものであった。文明開化とはうつくしいことばである。それは、封建的な迷蒙にみずからを対置させてゆこうとする信念をあらわしている。しかし福沢においては、文明開化はもはや主張さるべきことばではなくなった。より実際的な富国強兵が、かれの思想内容をかたちづくるようになった。近代日本のあゆみは、民主主義を犠牲にしての資本主義化であり、また国民の力によるというよりは軍備の力によっての国権の拡張であった。そうして福沢諭吉の思想もまた、いまそのような方向を向きつつあるのをみることができるのである。

Ⅲ　富国強兵論への転回

「時事新報」以後

壮・老年期　一八八二年をむかえた福沢諭吉は、満四七歳になっていた。四七歳はまだ壮年かせいぜい初老である。じっさいかれは気力充実していた。身長五尺七寸余、体重一七〜八貫とめぐまれたかれのからだは、健康法として晩年までかかさなかった居合抜きや米つき、それに乗馬、散歩によってきたえられていた。しかし社会的には、かれは大家中の大家にかぞえられていた。すでに一八七九年、東京学士会院（日本学士院の前身）が設立されるとともに、初代会長に就任していたし（一八八一年に辞任）、また同七九年、東京府会がもうけられると、その副議長にえらばれるほど（これは固辞した）、かれの名声は高かった。また一八八〇年には、知識の交換を目的として交詢社《こうじゅんしゃ》を設立したが、発会にあたり社員をつのったところ、全国から一八〇〇人がこれにくわわっている。

福沢諭吉の死は二〇世紀の最初の年すなわち一九〇一年である。一八八二年から足かけ二〇年間の生活が、かれにはのこされていたことになる。この間の生活は、それまでのかれの生活のように、「旧物破壊」へのすさまじいエネルギーにささえられたものではなかった。文筆活動は少しもおとろえをみせなかったが、かれの態度には、確立した名声を背景にしているというゆとりがうかがわれた。社会の教師として発言してゆこうとする態度が、おのずからにじみでるようになった。

福沢の私生活にもそのことはあらわれている。かれが妻の錦とのあいだにもうけた九人の子どもたちは、つぎつぎに成人していった。かならずしも長男優先でなくどの子にも平等に、というところは、当時のふつうの親とややかわっていたが、それをのぞけば、子どもの身の上を案じ、子どもの病気にはとりみだしかねないなみの父親であった。一八八三年から八八年まで、かれは、長男の一太郎・次男の捨次郎をアメリカへ留学させているが、その間の両人へのかれの手紙には、父親の情がせつせつとのべられている。

子どもたちが成長するにつれて、結婚問題がつぎつぎにおこった。福沢は、息子には妻をむかえ、娘はとつがせたり養子をとったりした。とついだ娘のために家を入手してやったりもした。妻は、ときおり病床にふすようになった。しかしときには、福沢は、妻や娘たちをつれて芝居見物にいった。やがて子どもたちに孫が生まれてくる。大家族の家長としての風格がおのずからにしてつくられていった。

家族や身近な人びとをつれて、しばしば旅行にでかけるようになったのは、この時期のことであった。一八七六年に長男と次男をともなって京阪神と奈良地方にあそんだのが、そのはじめであったが、八六年には全国漫遊を思いたって、三月には東海道を旅行し、五月には茨城地方にあそんだ。おいおいに鉄道がひらけて旅行が便利になるとともに、かれの旅行も回数をまし、再三にわたって京阪地方や山陽地方への旅行をこころみるとともに、善光寺まいりや伊勢参宮も行なっている。

朝は非常な早起きで、四時半ころには起床し、玄関のドラをならして寄宿舎の学生たちをおこし、一団となってぞろぞろ散歩にゆくのが日課であった。福沢は、ついてくる少年たちと雑談しながら、こうして一里か二里ほど歩くのであった。帰ってきてから朝食となるが、福沢は大のくいしんぼう、しかしこったものをえらぶ食道楽ではなかった。日本食ことにみそ汁の、それもからいのをこのんだ。若いときはともかくとして、服装も中年以後はほとんど和服をもちい、あんなに西洋ずきの人が、と家族からふしぎがられたりした（福沢先生研究会編『父諭吉を語る』）。

小さな工夫がとくいであった。年をとってからは老眼鏡をもちいるようになったが、それをはずしてはおき忘れるので、思いついて、眼鏡をたくさん買ってきて家中にばらまいておいたりした。忙しいなかにも子どもたちとよくあそんだ。馬の絵をかいて、などとせがまれると、一生懸命にかくのであったが、「元来手先は器用でしたが、それは大工の真似のような実用的なことばかりで芸術的なことは、まるで駄目なので」、なかなか気にいられる絵はできなかった。しかしおはなしはすきで、幼稚舎の生徒や子どもたちをあつめては、「弁慶がはげあたまに鉢巻をして」といった調子のはなしをかぎりなくするのだった（『父諭吉を語る』）。

明治中期の情勢

もとよりこれらが福沢の生活のすべてではなかった。かれの生活全体からみれば、こうした私生活はほんの一小部分をかたちづくっているにすぎなかった。かれは、ひろい公的生活の面をもっており、それはたえず来客というかたちでかれの私生活にもくいこんでくるのであった。三田のかれの家には、よく多くの来客があちこちの部屋でまっていた。福沢は、かれらに順々にあうために、「千客万来、千客万来」といいながら、たばこ盆を片手に、自宅の廊下をいそがしく往来するのであった。そういう公的生活のなかには、一八九二年、北里柴三郎をたすけて、伝染病研究所の設立に尽力するというようなこともあった。

こうして福沢がかかわっていったそのころの日本は、明治維新も一段落して、いよいよ近代化のコースがきまろうとしているところであった。一八八二年からかれの死の一九〇一年といえば、明治一五年から三四年にいたる期間、ちょうど明治中期にあたっている。その明治中期は、国内的には天皇制の制度的な確立の時期であり、対外的にはアジアに植民地をもちはじめた時期であった。

それを年表ふうにのべるならば、明治一四年一〇月の政変ののち、民権派は自由党と立憲改進党を結成するが、政府はこれに対決する姿勢をとり、ついに民権運動をおしつぶしてしまう。その一方では、政府はみずからの主導権で立憲制度をうちたてようとし、伊藤博文をヨーロッパへ派遣してプロシア憲法をまなばせた。帰国した伊藤は、一八八四年には華族令を公布して議会の開設にそなえ、翌八五年には内閣制度をつくって、みずから総理大臣となった。その翌年には帝国大学令や学校令が発布されて、教育の国家主義的方針が定められた。そのころより伊藤は秘密裡に憲法草案の作成にとりかかり、こうしてつくられた憲法草案は、一八八八年にもうけられた枢密院で審議され、八九年二月、大日本帝国憲法として明治天皇からときの首相黒田清隆へ手わたされた。

翌一八九〇年には第一回衆議院総選挙が行なわれ、帝国議会がひらかれた。しかし選挙では、そのころ民

壬午の変　（このとき朝鮮駐在公使花房義質らは，小舟にのってかろうじてのがれた。図はそれを描いている）

党といわれた旧民権派の野党がつねに勝ち、吏党といわれた与党や政府とはげしく対立した。その場合の民党のスローガンは、民力休養・政費節減であって、そこには依然として減税への要求がこめられているとともに、政府の軍備拡張方針がチェックされていた。

条約改正も初期議会の主要な争点の一つであって、民党はいわゆる対外硬の立場をとって政府を攻撃したのであった。条約改正の二つの問題点のうち、治外法権の撤廃の問題は、一八九四年の日英新通商航海条約によって事実上解決し、治外法権は一八九九年から撤廃《てっぱい》された。しかしのこるもう一つの問題である関税自主権の回復は、福沢の生前にはついに実現せず、一九一一年までもちこされた。

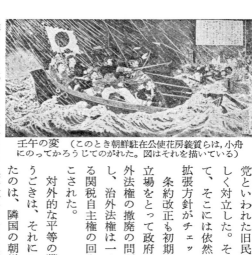

対外的な平等の獲得へのうごきがそのようであった一方、対外的な優越へのうごきは、それにおとらずいちじるしかった。日本のさしあたりの目標になったのは、隣国の朝鮮であって、日本と清国とが朝鮮の支配をあらそうという経過をとった。この日清両国の主導権あらそいは朝鮮内部の政情にも影響し、一八八二年と一八八四年の二回にわたって、京城事変といわれる事件がおきた。

第一回の京城事変は、壬午《じんご》の年におこったので壬午の変といわれる。これは、王妃の閔《びん》氏一派が日本にならった軍制改革を行なったのをきっかけとして、保守派の王父大院君一派とのあいだにおこった内乱である。日清両国は兵をだしてこれをしずめ、そののち閔氏政府が清の指導下につくられて、保守・反日政権となった。第二回の京城事変は甲申《こうしん》の変といわれる。これは、金玉均・朴泳孝らが日本の援助のもとに、閔氏政権にクーデターをおこした事件であった。このクーデターは三日天下におわり、金や朴らは日本へ亡命した。日清両国は、この事件に関する処置のため、一八八五年に天津条約をむすび、今後朝鮮に出兵するときには、おたがいに事前に通知することなどをとりきめた。

日本は、一八七六年に朝鮮を開国させて以来、同国に優越した地位をたもってきた。が、この二つの事件によって、朝鮮における日本の地位は大はばに後退した。その回復をはかろうとしたことが、甲申の変の一〇年後の一八九四年、日清戦争をひきおこしてゆくこととなるのである。

時事新報

時代のこのような展開にたいして、福沢諭吉がどのようにたち向かっていったかは、主として「時事新報」によせた論説によって示されている。そのようにかれのおもな活動の舞台となった「時事新報」は、さきにも一言ふれたように、一八八二年三月一日にかれによって創刊された日刊新聞であった。

今日の新聞はふつう報道本位の体裁をとり、政治外交経済の記事も社会面の記事もおなじようにのせている。しかし明治のはじめの新聞は、政治中心のかたい新聞と、社会面中心のやわらかい新聞とにわかれていた。前者を大新聞《おおしんぶん》、後者を小新聞《こしんぶん》といった。政治を中心にあつかう大新聞は、主義主張をはっきりとだすのがふつうであって、今日のような報道本位の新聞は、一八九〇年前後つまり明治二〇年代になってのびてくることとなるのである。したがって当時の新聞は、政府の意向を代弁する御用新聞と、自由民権を主張する新聞（それも自由党系と改進党系にわかれる）に分類できた。そうしたなかにあって「時事新報」は、「不偏不党」をスローガンとして誕生した。いわゆる中立派の新聞であった。

　福沢みずから論説を書き、社の経営には中上川彦次郎《なかみがわひこじろう》が社長としてあたった。中上川は、福沢の甥で、慶応義塾にまなび、慶応派の重鎮《じゅうちん》の一人であった。のちにかれは山陽鉄道社長となり、さらに福沢に推薦されて三井銀行理事となり、三井の近代的改革を断行している。「時事新報」の社員は、編集、事務ともに慶応義塾の出身者でかためられた。

　創刊号発行前の二月一六日、福沢はつぎのような手紙をかいている（あて名不明）。

新聞紙局へは壮年輩毎日出勤、唯今は唯各地方へ発兌の報知、姓名の調べ等に忙しきのみに御座候。
社説論説は小生引受にて頻《しきり》に用意致居候。
金は郵便税、帳面等の為、既《すで》に弐百円計り費し、働く人えは未だ少しも附与不致、何《いず》れ月末には多少給与

時事新報

「時事新報」創刊号第一面（定価3銭，このとき「時事新報」は三田の慶応義塾出版社から刊行され，のち日本橋通3丁目へ移転した）

不致ては不叶事と奉存候。
局は出板《ママ》社の建物に少々手入致居候。
注文は最早五百に相成、今も毎日申込有之候。

福沢の文章はだいたいが達意の名文で、どちらかといえば息の長いものであるが、この文章は、みじかくぶつりぶつりときれていて、しかもたびたび改行しており、そんなところにも、かれがいかにもはりきっているさまや、社全体が忙しさのうずのなかにあったことなどがうかがわれる。

一八八二年二月二八日は徹夜して、三月一日の発行日をむかえた。その日、注文は一四二〇に達した。そののち発行部数は大いにのびて、一八八四年一月には約五〇〇〇におよび、東京府下第一と称せられた。したがって経営面も順調で、創刊のさいの負債はおいおい返済していった。この「時事新報」は、大正時代末期から落目に向かい、今日ではすがたを消しているが、明治時代をつうじて代表的な新聞の一つであった。

その後の著述活動

この「時事新報」を舞台として、福沢は、おとろえを知らぬもののごとく著述活動をつづけた。かれは、「時事新報」に社説を書きつづけ、そのうちのまとまったものは、書物として刊行した。こうして刊行された書物には、『時事大勢論』『帝室論』『兵論』『徳育如何』(以上、一八八二年)、『学問之独立』(一八八三年)、『全国徴兵論』『通俗外交論』(以上、一八八四年)、『日本婦人論後編』(そのまえに「時事新報」に連載された『日本婦人論』は単行本にならなかったとされている）『士人処世論』『品行論』（以上、一八八五年）、『男女交際論』（一八八六年）、『日本男子論』『尊王論』（以上、一八八八年）、『国会の前途　国会難局の由来　治安小言　地租論』『地租論』（以上、一八九二年）、『実業論』（一八九三年）などがあり、日清戦争時におよんでいる（日清戦争後については「晩年の思想と生活」の項を参照されたい）。

しかしこれらが、当時の福沢の著述活動のすべてであったのではなかった。このほかかれは、外交政策についての論説をおびただしく公けにしているが、これらは単行本としてはまとめられなかった。

このようにみてくると、福沢の著述活動があいかわらずひろく、政治・外交・経済から道徳問題におよんでいることが知られよう。そうして人びとに大きな影響をあたえつづけた。しかしそれを年齢別にみると、慶応義塾の学生はともかくとして、若い層への影響はしだいにうすくなり、かれの影響は中・高年齢層へ移行していったように思われる。

これらの著述をとおして、福沢は、道徳問題については、依然として平民道徳を主張しつづけた。さきの時期にあっては、封建道徳を罵倒《ばとう》しまた揶揄《やゆ》するなど、はなばなしく平民道徳を鼓吹したが、その熱意は一向におとろえなかった。むしろその熱意は、単行本のリストをみればわかるように、とりわけ男女関係の問題にしぼられて、いっそう高まってさえいる。そこで一貫してみられるのは、男性の横暴を攻撃し女性の尊重を力説する態度であって、とりわけ妾とそれをもつ男性にたいする攻撃はすさまじく、『品行論』のごときは、さながら日本男子不品行論のていをなしている。

しかしその政治思想は大きな変貌をとげた。いわば形而上的な「文明開化」を追求していた福沢は、形而下的な「富国強兵」を追求するようになった。その政治思想は、国内政治にたいするものと外交政略に関するものとにわけられる。一八八二年の「時事新報」の発刊以後、一八九四年の日清戦争の勃発にいたるまでのそれはどんなものであったろうか。国内政治にたいする見解は官民調和論であった、一八九〇年の帝国議会の開設以前もそれ以後もそうであった、とわたくしは考えている。これにたいして外交政略論は、主として、欧米列強にたいするものとしてよりは、アジア諸国ことに朝鮮と中国（清）にたいするものとして展開されている。そうしてこの両者つまり国内政治思想と対外政治思想の結着点として、かれの日清戦争観が展開されることになる。それらが具体的にどんなものであったかを、つぎにみてゆくこととしよう。

官民調和論

その起源

福沢諭吉が「時事新報」を創刊したとき、福沢＝民権家というイメージをぬけきれなかった人びとは、「時事新報」が民権主義の新聞であろうと期待した。ところがじっさいに刊行されてみると、その新聞は民権主義のものではなくて、不偏不党・中立主義をかかげていた。その中立主義の具体的な内容が官民調和論であった。

官民調和論は、読んで字のごとく官と民とを調和させようとする主張である。福沢がはっきりと官民調和論にふみきったのは、明治一四年一〇月の政変をきっかけとしてのことであり、かれは、その主張を「時事新報」でくりひろげていったのである。それではなぜこの時期に、かれは官民調和をとなえたのであろうか。明治一四年の政変によって、国会の開設が九年後に約束され、大隈一派が政府から追放されると、国会開設運動にたずさわってきた板垣退助たちは自由党を、また大隈重信は立憲改進党を結成して、政府にあたらしい対立のすがたをかたちづくっていった。そのなかで福沢は、大隈と気脈をつうじているとして、政府からはげしい敵意をもってみられながらも、あえて官民調和をとなえていったことになる。

九年後に国会がひらかれるときまったとき、民権家たちは政党活動をはじめた。ところが、それまで民権派とならんでいると思われていた福沢は、ひとりはなれて中立をとなえ、官民調和を力説するようになる。ちょうどそれは、民権派とは逆のゆきかたであった。政党活動は、官と民との対立を激化させてゆかざるをえなかったが、福沢は、逆にその対立をおさえようとするわけである。

そのように福沢が官民調和論をとなえたのは、もとはといえばかれの国会開設の論理にもとづいている。すでにのべたように福沢は、一八七九年の夏以来、国会開設の必要性を説いてきたが、かれの国会論は、富国強兵のための国会・増税のための国会をつくろうとするところにあった。また権力の分散でなく権力の集中のための国会論でもあった。福沢のそういう国会認識からすれば、一八九〇年にひらかれる国会は、富国強兵のための国会・増税のための国会・権力集中のための国会となり、したがって民権派の不満は解消されて、そこでは官民調和が実現されるはずであった。

とするならば、福沢にとって一八九〇年以後については、憂慮すべき問題はなかった。問題は、一八八一年から九〇年までの九年間をどうやってのりきるかであった。なぜならば、福沢の本来の国家観からすれば、参政の権利と納税の義務とは交換されるべきものであった。ところが一八九〇年までは、参政の権利なくして納税の義務がはたされなければならない。福沢は、この両者が相ともなうべきをみとおしていただけに、理論と実際とのギャップをつよく意識しないわけにはゆかなかった。それだけにかれは、官民調和をとなえて、「冷なる道理」をすてて情にうったえ、国民が参政の権利なくして租税の徴収にこころよく応ずべきことを説いたのであった。

そうして福沢にとっては、とくにこの時期に納税の義務を力説しなければならぬ理由があった。それは、つぎの項目でのべるアジア政略のためであった。その論議は、「時事新報」にのせた「東洋の政略果して如何せん」（一八八二年）によくあらわれている。福沢のいおうとした主眼点を、かれ自身のことばでかたらせるならば、つぎのようになろう。

我東洋の政略は結局兵力に依頼せざる可らず、兵力を足し軍備を拡張するには資本なかる可らず、其資本の出処は日本国民にして(中略)、冷なる道理を以て論ずれば、参政の権と納税の義務と交易せんとの説もある可《べ》けれども、明治二十三年までは国会開く可らず、参政の権取る可らず（中略）、是《ここ》に於て我々人民は（中略）、僅《わず》か八年の遅速を喋々せずして、快よく租税の徴収に応ずるこそ国民たる者の本分ならん。

こうしてかれは、アジア政略のために、一八九〇年をまたずして政府が増税を断行すべきことを説いた。民権をおさえようとするうごきは、軍国主義につらなりやすい。逆に軍国化をすすめようとするさいには、民権をおさえようとするうごきがでてくるともいうことができよう。ここで福沢がとっているのは、まさにその立場であって、かれは、日本の軍備拡張のために、国民がその権利の主張をしばらくとどめるように説いてやまなかったのであった。

国会の準備手段

この官民調和論は、国会の開設にそなえてのいわばウォーミングアップという意味をもっていた。福沢はたびたび、国会開設の準備のなかでもっとも大切なのは官民調和の

枢密院憲法会議の想像図（初代の議長は伊藤博文であって，会議は終始かれによってリードされた。明治天皇も出席した）

一事である、という意味のことをのべている。

一八八一年の国会開設の詔勅によっては、国会の開設が宣言されただけで、それがどんな国会になるかは、まだ未定であった。そういう情勢のもとで、民権派が政党活動に入っていったことは、国民を立憲政治に習熟させるという意味をもっていった。こうして国民の権利意識をたかめることが、ほんとうの立憲政治のために必要な教育でもあった。それでは政府はどうであったか。国会開設の詔勅をみると、「人心進ムニ偏」するのをつよくいましめ、もしあえてさわぎたてるものがあれば、法律によって処罰すると宣言している。これは、仁恵をたてまえとする天皇のことばとしてはめずらしいほど威丈高であって、政府は、立憲制度へのみちをひらいたこの詔勅のなかで、立憲意識のこれ以上のたかまりをおさえようとしているのである。

この立憲制度への二つの態度をみ、さらに福沢の官民調和論をふりかえるとき、福沢の立場は、国民の権利意識を助長するものでなく、それを抑制するもののがわにあった。

そのような原理をもつ官民調和論は、具体的には二つのかたちをもって現実の情勢へ適用されていった。

まず第一には自由民権運動にたいする方策である。このころになると福沢は、民権運動にたいして、軽蔑と恐怖を表明していた。かれは、民権運動家なるものは、みな血気の少年でなければ無知無識の愚民にすぎないとのべ、かれらがなにかの地位ほしさに国会論をとなえたり、新聞の部数をふやすために、心にもないことを主張しているのだときめつけている。

それでは民権運動を力で屈服させるべきだろうか。それは政府がそののちとった方策であったが、福沢は、そのみちを主張しなかった。官民調和論をふりかざしつつ、福沢はつぎのようにいうのであった。

今の天下の人心を治る至難の事に非ず。其端を開く可き者は政府なり。官民の軋轢《あつれき》を調和するの法は、大に政府の門を開て人を容るるに在り。

つまり福沢は、民権運動家は社会の不平分子にすぎないから、かれらの不平をなだめるために、政府に地位をみつけてやればよかろうといっているわけである。このようにして官の主体性において、民を吸収しようとするのが、かれの官民調和論の民権運動対策であった。

民権運動家をたんなる不平分子にしかすぎないとする福沢の見方は、一面では、かれらの主張がほとんど参政権の要求にとどまっていて、「人権の回復論」をともなっていないことにもとづいていた。じじつそのころ、「よしやシビルはまだ不自由でも、ポリチカルさえ自由なら」とうたわれたのであったが、そういう政治偏重の姿勢は、封建主義のうらがえしにすぎないと、福沢には思われたのであった。

もう一方の当事者である政府にたいして、福沢はなにをもとめたであろうか。それが第二のかたちである。政府にたいしての官民調和論は、官尊民卑をなくすという主張をともなっていた。封建的特権にはげしいにくしみをもち、『学問のすゝめ』で政治は職務であって御恩でないといいきった福沢は、生涯をつうじて、明治政府の官尊民卑にはきびしい態度をとりつづけた。その意味でかれは、華族制度の制定をつよく非難したり、藩閥を攻撃したり、また民間に向かってはやみくもに官吏をとうとぶ態度を嘲笑したりした。

一八九一年になってからのこと、この年に国語学者の大槻文彦が国語辞書の『言海』を出版した。これは、日本最初の近代的な国語辞書であって、その完成をいわって出版記念会がひらかれた。会には多数の名士の参列が予定された。福沢もそれに出席するつもりでいたが、まわされてきた祝辞演説次第をみると、伊藤博文のつぎに自分の名前がでていたので、学問のことで政治家のあとにつくのをこのまないといって出席をことわり、祝辞だけをおくった。それほどに、官尊民卑にたいするかれの態度はきびしいものであった。福沢は、その官尊民卑を解消することが官民調和をもたらすゆえんであると説いたのであった。

中立の意味

こうして福沢の官民調和論は、政府がその権力主義的な態度をやわらげることによって、民権派を政府がわに吸収することを期待する論議であった。そのような基調は、かれの憲法制定論にもよくあらわれている。憲法制定の方法に関するこの時期のかれの意見は、ヨーロッパでの憲法とりしらべから帰国した伊藤博文が、民間の有力者たちの見解をききつつ、憲法を作成することを期待するにあった。もとよりその場合も、主導権は伊藤がもつことが前提とされたのであって、そのような憲法「を以て欽定《きんてい》を仰」ぐならば、「日本帝国万歳富強の大基」もたち、「官民上下調和して其方向を一にし、他日官民が議院に於て直接するに至ると雖《いえ》ども、如何で無責任の政論を喋々して故《ことさ》らに政府を苦しむる者あらんや」と、福沢は確信していた（「人を容るゝこと甚だ易し」、一八八四年）。

このように官民調和論は、その論理自体、中立をよそおいつつ政府のがわに立つ主張であったが、中立ということによっても、民権運動に冷水をあびせるやくわりをはたした。国会図書館の憲政資料室に蔵されている樺山資紀文書のなかに、「政党ノ衰頽」と題された一文書がある。この文書は、一八八三年のものと思われるが、政党がこのころになっておとろえてきた原因の一つとして、「時事新報」の中立主義をあげている。

それによれば、「時事新報」が創刊されるときくより、人びとはそれが改進主義をとるものと思っていたところが、あにはからんや中立主義であった。そこでその影響をうけて、各地の新聞紙で中立主義をとるものがふえ、民権派の「郵便報知」と「東京横浜毎日」の二新聞は、おのおの一五〇〇部もへった。和歌山の改進党は中立主義にかわったし、埼玉や栃木の改進党も分裂して、その半ばは中立主義をとるようになった。新潟県でも改進主義をかえたものが多い。ほぼこのようにのべている。つまり官民調和論は、その論理においても社会的なやくわりにおいても、民権運動をおとろえさせるものであった。だから福沢は、官民調和によって直接の利益をうけるのは、政府であって人民でない、と一八八九年に率直にのべていた。

帝室論と仏教論

福沢にとっては、こうして対立を激化させてゆく官と民を調和させることが最大の課題となった。そのときかれは、利用できるものはなんでも利用しようとする。現実にたいしてさめた意識をもつかれには、それが可能であった。人心を収拾するために利用できる既成の権威といえば、皇室と仏教がこれであった。

一八八二年、ちょうど官民調和論をとなえはじめたころ、福沢は「帝室論」を「時事新報」に連載し、連載がおわるとすぐ単行本とした。この「帝室論」は、皇室を「政治社外のもの」におこうとする主張であった。その観点から、皇室を政争にまきこむのはその永続のためにこのましくないと、福沢はのべたのである。そのために「帝室論」は、いわゆる尊王論者たちから、皇室を名目だけのものにしようとする論議だと非難されたし、のち一九三七年に、慶応義塾の富田正文らが『福沢文選』を編纂して「帝室論」をもおさめ、これを同大学予科の学生の参考書につかおうとしたところ、文部省から、「帝室論」は適当でないとの注意があり、再版ではこれが削除させられたという。

「帝室論」はそのようにいわば受難の歴史をもったが、なぜ福沢がそれほどまでに皇室を政治外にたたせたかったかといえば、それは、そのことによって皇室を政争に超然たらしめて、その「高貴さ」、いいかえれば人心収拾の効用性を増そうとするにあった。福沢ははっきりと書いている。

○我帝室は万世無欠の全璧《ぜんぺき》にして、人心収攬《しゅうらん》の一大中心なり

○我帝室は日本人民の精神を収攬する中心なり、其功徳至大なりと云う可し。

すなわち福沢が皇室の高貴性をたかめようとするのは、それがもつ功用のためであった。その意味では、これは露骨きわまる皇室利用論であった。

封建支配の虚像をうちやぶった福沢にとって、皇室にたいするさめた意識をもつなどは、やさしいことにすぎなかった。戦前はついに公けにされることのなかった福沢のメモのなかには（一八七五〜七七年）、「聖明の天子、ありがたい御代などというのは、いつわりにすぎない、近代の天子将軍にいたっては、とるにたりない人物ばかりだ」という意味のことをしるし、ただ日本人の程度が、まだかれらを信じる段階なのだとのべられていた。そのおくれを利用して、かれは秩序の維持をはかろうとするようになったわけである。

尊王心をやしなうことは、いわゆる愛国心の養成につらなってゆく。こうして福沢は、日本人の道徳の標準は「報国尽忠」であるというようになった。かれは、そうあるべきだとの期待をこめて、日本人は「忠誠宗の信徒」であるとまでのべている。かつて福沢が「日本には政府ありて国民なし」といいきったとき、政治から疎外されまた政治に無関心な日本人を、積極的に近代国民へ造形してゆこうとする意図がこめられていた。しかしここでは、国民のエネルギーを政治面へ解放してゆこうとする姿勢とことなり、そのエネルギーを「尽忠」に吸収してゆこうとする意図だけがめだつようになっている。

しかし「報国」にせよ「尽忠」にせよ、それらは、庶民の日常生活の感覚からはあまりに遠いものであった。それらはまだ、庶民層の関心をひきつけるにたりるほど魅力的な徳目ではなかった。したがって「報国尽忠」は「士人」のための徳目であると、福沢はいわざるをえない。それでは庶民＝「下流の人民」のためのもっと手近な徳目はなにか。仏教がそれであるとかれはいうのであった。「下流の人民の為めには、宗教の信心を養うこと、至極大切なることとなる可し」とかれは書いている。

晩年になってこそ、福沢にはいくらか宗教心がでたようにもみうけられるが、さめた意識のもちぬしとして、かれは、皇室にたいする場合とおなじく、仏教にはなんの敬意ももたなかった。ただかれは、仏教のもつ庶民教化の効用を期待したのであった。一八八二年にかれは「僧侶論」を書いて、僧侶の腐敗を攻撃しているが、そこでは腐敗自体をとがめているのではなく、それによって僧侶が信用を失い、庶民教化のやくわりをはたせなくなることをおそれているのであった。

初期議会

そのように福沢は、利用の可能なあらゆるものを動員して、民心の激化をふせぎ、官と民を調和しようとした。かれのこの意図は成功しただろうか。自由民権運動は、一八八〇年代の中期には分裂し、解体同然となってしまった。一八八四年には自由党は解党し、つづいて立憲改進党も事実上解党してしまった。大蔵卿松方正義によって主導された政府の紙幣整理は、農民経済を破壊した。そうして地方の自由党員たちに指導された各地の農民は、つぎつぎに蜂起《ほうき》しようとし、あるいは蜂起しては弾圧されていった。群馬事件・茨城の加波山事件・埼玉の秩父事件などは、いずれもそれであった。

こうして一時は火のきえたようであった民権運動は、一八八七年になると再燃してきた。民権運動家たちはいわゆる大同団結運動をおこし、二府一八県の有志たちは、言論集会の自由・条約改正の中止・地租軽減

帝国議会（第2議会の衆議院の図で，絵の上方には代議士名鑑をかかげてある。当時の定数は300人であった）

の三大事件を政府に建白し、政治情勢はとみに緊迫した。こういう情勢は、福沢にとってはまことに遺憾《いかん》なことであった。一八八七年一二月の末、政府は保安条例をだして、民権家五七〇人を東京から追放したが、その措置を福沢は、「劇痛の時にはモルヒネも服用せざる可らず」として是認している。

議会の設置が間近にせまったという情勢は、民権運動家たちを勇気づけるものがあった。政党活動が活発化してゆく。そのなかで一八九〇年七月一日に第一回総選挙が行なわれ、議員定数三〇〇人のうち、民党は約一七〇人をしめた。その第一帝国議会は、その年一一月二五日に召集され、政府と民党が激突することとなった。これより一八九四年の日清戦争の勃発にいたる間に、総選挙は三回、議会の召集は六回をかぞえるが、いずれも民党が多数をしめ、政府と議会は対立をくりかえした。

この間の議会は、ふつう初期議会と称されている。そこでの最大の争点は、とくに第四議会までのそれは、民力休養・政費節減をスローガンとする議会が、政府と対決したところにあった。この要求は、自由民権運動時代の地租軽減をひきついでいた。

福沢にとって、議会がこのように政府とするどく対立したことは、意想外のことでもあり遺憾なことでもあった。かれの本来の官民調和論からすれば、議会の開設とともに官と民の調和が実現するはずであった。ところが両者の対立は、ほかならぬ議会を舞台としていっそうはなばなしく展開されるにいたったのである。しかもその争点は減税の要求をめぐってであった。

ここにおいて福沢は、議会とくに民党をつよく攻撃するようになった。しかもかれの鋒先《ほこさき》は、主として地租軽減論に向けられた。かれは、議会を「百姓国会にして、日本の国会に非ず」とまでののしっている。ただに地租軽減に反対したばかりでなく、かれは、地税の増加をさえ主張し、国の歳出はことごとく地税をもって支払おうとも主張するほどとなった。

一八九一年一一月に召集された第二議会では、民党が主張する予算の大削減案が可決された。ときの松方内閣は、衆議院を解散するとともに、そのあと施行された総選挙では、内務大臣品川弥二郎を先頭にたてて苛烈《かれつ》きわまる干渉を行なった。その干渉は、高知をはじめ各地に死者をだすほどにはげしいものであり、品川は責任を負うて辞職するにいたった。このとき福沢は、「実に困り果てたる帝国議会」といいながら、政府の解散策を全面的に支持したばかりでなく、品川をも弁護して、かれに責任はないとのべるほど徹底して政府のがわに立った。さらにかれは、議会の操縦のために「内々黄白の物を用いるも可」とまでいっている。

福沢がこのようにはげしく議会に反発したのは、かれにあっては富国強兵政策を推進するために要望された議会が、「消極」政策に専念するように思われたからであった。しかも地租軽減は、「商工家」つまり資本家階級への負担の増加をまねくであろう。それは福沢にはたえられないことであった。こうしてかれは、「尚商立国」のために、政府がさらに資本家階級に保護政策をとるよう要望するのであった。このように官民調和論は、富国強兵のための国内策という意味をもっていた。その対外策としてアジア政略が展開されることとなる。

アジア政略

日本の使命はどこにあるか、アジアの一国として生きるところにあるか、欧米の一翼として生きるところにあるか、それとも両者の調和をはかるところにあるかという問題は、明治維新以来の日本の国民的な課題の一つであった。欧米世界以外で最初に近代化へのみちをあゆみはじめた日本にとって、それは、たえず対決をせまられた課題であった。

アジア観の変化

近代百年の歴史をみた場合、日本人のアジア観は、ほぼ三つの時期にわけられよう。一八九四〜九五年の日清戦争以前の時期と、日清戦争ののち第二次世界大戦の敗北までの時期と、戦後の時期である。

日清戦争以前にあっては、伝統的なアジア観がほぼ支配的であったといってよいであろう。それは、儒教文化への尊敬からして中国にあこがれるといったアジア観である。原始時代以来、日本の文化の骨格は、アジア大陸の先進的な文化、中国・インド・朝鮮とりわけ中国の文化によってかたちづくられてきた。そうして江戸時代には、儒教が武士の教養の根本をかたちづくっていただけに、中国への崇拝の感情はゆるぎないものとなっていた。学者たちは中国ふうの名前をつけたり、長崎へきた中国の商人と筆談をしてはよろこんだりした。

一八四〇〜四二年のアヘン戦争における中国の敗北は、そうした中国崇拝感情をゆるがせるいとぐちとなり、明治維新ののちはしだいにその念もうすらいでいった。しかし依然として中国は日本にとっては大国であり、伝統的な対中国感情は、一朝一夕にはかわらなかった。だから日清戦争がはじまったとき、庶民のあいだでは、この文化的な先進国でもあり一大帝国でもある中国と、なぜたたかわねばならないのかよくわからない人びとも少なくなかった。

日清戦争の勝利は、この伝統的なアジア観を一変させた。政府やジャーナリズムや教師や僧侶・神官や村の旦那方が、しきりに、なぜ中国とたたかわねばならないかを説いて、国民の敵愾心《てきがいしん》をあおりたてた。中国人や朝鮮人にたいする侮蔑的なよびかたが一般化していったのも、このころからのことである。こうして近代日本のもっとも長い時期、日清戦争から第二次世界大戦の終結にいたる半世紀は、伝統的なアジア観がくつがえって、日本とほかのアジア諸国のあいだに、ふかいみぞのできた時期であった。日本のがわからは侮蔑と、そうしてあらゆる支配者が被支配者にたいしてもつ恐怖の心情がかたちづくられ、アジア諸国は、一時は日本の近代化に学ぼうとする気持ちをもっていたものの、やがて敵意と反抗の念を基調とするようになった。

第二次世界大戦以後の情勢は、日本人のアジア観を、ふたたびかえずにはいなかった。戦争の敗北は、アジアの支配者としての日本の地位をくつがえしたし、戦後のアジア諸民族の独立は、アジアにたいする日本人の目をかえていった。ことに一九四九年の中国革命の成功は、世界の情勢を大きくかえるものであったし、同時に日本人の中国観をもかえた。

戦後の今日の日本人の中国観を、ずばりといいきることはむずかしい。アジアから日本をへだててゆこうとする見方、アジアの一国であるべきだという見方（これにも二つあって、一つは日本の指導性を強調するもので東南アジアへ目が向き、いま一つは連帯をおもくみるもので中国へ主として目が向いている）、あるいは太平洋圏を一つにまとめようとする見方などが、それぞれ現実の利害関係を反映しつつ、からみあっている。

しかしつぎのようなことだけはいえよう。伝統的な崇拝の意識でなく、戦前の侮蔑の意識でもないアジア観が、国民意識全体としてみればそだちつつあると。その意識はいわば連帯感と特徴づけられよう。それが定着するかどうかは、今後の問題である。しかしそうした意識が、反戦平和の運動などをつうじて、これまでになくひろい培養土をもったということが、戦後のアジア観を特徴づけているように思われる。

こういうアジア観の歴史のなかで、福沢諭吉は、第二期のアジア観つまり侮蔑の意識をそだてるのに指導的なやくわりをはたした。それは具体的にはどんなものであっただろうか。

中国分割論

「時事新報」は、国内面では官民調和論をとなえるとともに、対外面では強硬な国権拡張主義をかかげる新聞であった。その国権拡張主義は、福沢個人の信念ともなっている。かれが「時事新報」によせた文章（おもに論説）をみると、その数が多いのにまずおどろかされるし、つぎにそれらがじつに露骨に国権拡張を主張しているのに、ふたたびおどろかされる。その福沢のアジア政略は、中国と朝鮮の問題に焦点があわされていた。

福沢はいう。国際関係は、古来武力によって決せられてきた。それは「禽獣《きんじゅう》相接して相食《は》むもの」にことならない。日本も禽獣中の一国であって、他にくわれるか他をくうか、いずれにしてもたのむところは「獣力あるのみ」である。そのくうものは文明国人であって、くわれるものは文明のおくれた国である。とすれば「我日本国は其食む者の列に加わりて、文明国人と共に良餌を求めん」。ほぼこのようにかれはいうのである(「外交論」)。

では「食む」とはどういうことか。その一例は、福沢が一八八四年に「時事新報」によせた「東洋の波蘭《ポーランド》」という論説に示されている。この論説は、たびたび分割の非運にみまわれたポーランドをひきあいにだしながら、中国の将来を第二のポーランドとみたてたものである。そうしてかれは、中国は一九世紀の末ころには、ヨーロッパ列強と日本によって分割されるであろうとの予測をたて、中国分割の予想図をのせた。それによると、中国本土のほとんどは、フランス・イギリス・ドイツ・ロシアのあいだで分割され、日本は、

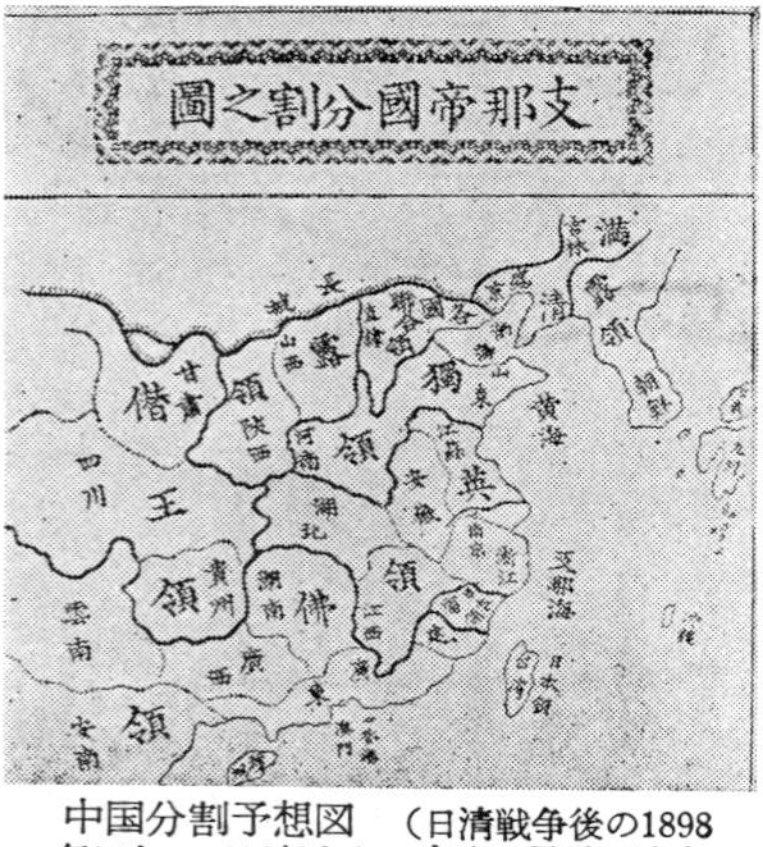

中国分割予想図　(日清戦争後の1898年になって14年まえの自分の予言が適中したことをほこっている)

台湾とその対岸の福建省の半分を領有することとなっている。

朝鮮支配論

中国政略は未来のこととされていたが、朝鮮については、福沢は、さっそくにも支配の手をのばそうとした。一八八二年の京城事変（壬午の変）はその絶好の機会であった。福沢は、朝鮮を「文明の敵」といいつつ、「時事新報」紙上に矢つぎばやに強硬論をとなえていった。その論説は、「朝鮮元山津の変報」「朝鮮政府へ要求す可し」「朝鮮の変事」「喉笛に喰付け」「朝鮮政略」「豚が怖くて行かれませぬ」「朝鮮事変続報余論」「朝鮮政略備考」「大院君の政略」「出兵の要」「日支韓三国の関係」「敵を見て矢を作《は》ぐ可し」「支那国論に質問す」「朝鮮事変談判の結果」「朝鮮新約の実行」「朝鮮の償金五十万円」などであって、その題名を一覧するだけでも、かれの強硬な態度がうかがわれる。

朝鮮にたいする福沢の要求は、それを市場として開放するところにあった。ちょうど欧米列強が日本にたいして行なったように、「文明の敵」をたおして、それを市場として開放することは、「文明」の要求であった。しかし資本主義化がやっとはじまったばかりの日本は、なにを朝鮮へ輸出できるだろうか。朝鮮への輸出品として福沢は、二つのものをあげている。その一つは資金であって、朝鮮からいえば外資導入ということになる。「朝鮮政略の急は我資金を彼に移用するに在り」なのであった。

いま一つの輸出品というのは人間である、といってわるければ人材である。かれのいうところによれば、日本では学校をでたものでも、なかなか満足できる職がない、それだからそういう不平分子が、なにかと物議をかもす（自由民権運動をさしている）、かれらを朝鮮へやって実業に従事させるならば、直接には、「我に余りて苦しむものを移して、彼れに不足して苦しむものを補うの便利」あり、間接には、「我社会の平和を維持するの一助とも為る」というのである。ここでも民権運動への対策が、対外強硬論とむすびついていた。

金玉均を援助する

その一方で、福沢は朝鮮の改革を援助していった。ふだんは政治にかかわらないことをモットーとしているかれとしては、めずらしいケースであった。その援助というのは、朝鮮の親日派である独立党の金玉均を援助したことをさしている。

金玉均は、一八八一年に日本視察団員として来日してから、日本とむすんで自国の近代化を行なおうと考えるにいたった。かれは、近代文明の指導者としての福沢を尊敬するようになり、青年をえらんで慶応義塾へ留学させた。一八八二年、京城事変の後始末をつける使節の顧問として、ふたたび来日すると、かれは、朝鮮の改革のために積極的に日本政府にはたらきかける一方、はじめて福沢にも面会して、朝鮮の改革についてその支持をえた。

福沢の援助は二つの方面で行なわれた。その一つは、文化的な面で、一八八三年、門下生の牛場卓蔵・井上角五郎らを朝鮮へ送って、朝鮮人を儒教の影響下からぬけださせようとしたことである。なかでも井上は、朝鮮の外務省にやとわれ、「漢城旬報」という官報新聞を発行することになった。そのころ朝鮮では国字があったが、それは諺文《おんもん》＝田舎文字といやしめられて、漢字をつかうのがとうとばれていた。日本の文体の改革にかつて情熱をささげた福沢は、朝鮮の啓蒙のため、漢字と諺文すなわち朝鮮の仮名文字を混用することを思いついていた。かれは、井上に漢諺混用のあたらしい文章を採用することをすすめ、諺文の活字も用意してあるといい送っている。漢諺混用は、すぐには実現しなかったが、一八八六年に「漢城旬報」が「漢城周報」と改題されたときから採用された。

いま一つは政治的な面であって、一八八四年に金玉均らが行なって失敗した第二次の京城事変（甲申の変）に、福沢はふかくかかわりあっていた。井上角五郎のかたるところによれば、福沢は、この事件に関しては「ただにその節書の作者たるにとどまらず、みずからすすんで役者をえらび役者をおしえ、また道具立その他万端を差図」したという。福沢と井上と金のあいだには、暗号電報のうちあわせまであって、のちにこの事件のため、井上はとらえられ、福沢宅は家宅捜索され、かれ自身も召喚されている。クーデターに失敗ののち、金が日本へ亡命すると、福沢は、その保護のために気をくばった。

このように福沢は、朝鮮の改革にも力をつくしている。しかしそれは、真に朝鮮のためを思ってのことであったろうか。「国と国との敵対は名利の為めにするより外ならず」という福沢が、そのような無私の行動にでるわけはなかった。それは、朝鮮が日本の「藩屏《はんぺい》」だからにほかならなかった。「藩屏」というのはかきねというほどの意味である。つまり朝鮮がより有効に日本の防壁となるようにとの観点からの、朝鮮の改革論であって、そのように他国民を手段化する意識による改革は、手段化されようとしている国民によっ

「北京夢枕」と題する錦絵
(1884年に福沢が甥の今泉秀太郎に描かせて売り出したもの。列強が中国をくいものにしようとしているさまが描かれている)

て、いずれ報復されなければならぬものであった。

しかし福沢にとっては、一八八四年の京城事変の失敗は、大きな失望をあたえた。それ以後かれは、朝鮮人にたいする差別意識を、年とともに露骨にだしていった。晩年の『福翁自伝』は、日本の名著の一つであるが、そのなかにも、朝鮮人にたいする差別意識が露骨にでている箇所がある。この書物の小見出しの一つに、「本藩に対しては其卑劣朝鮮人の如し」とみえている。その内容は、自分が中津藩にたいする態度は、拝借といって金を借りることばかり考えていた、そうしていったん借りた以上は返すことなど全然思わなかったというのであるが、それを「義理も廉恥《れんち》もない其有様は、今の朝鮮人が金を貪ると何にも変ったことはない」と形容しているのである。

脱亜論

そのころまとまったアジア観の代表的なものとしては、自由民権派のそれと政府のそれがあった。そうしてこの両派は、国内政策でそうであったように、対外策でも対立していた。

自由民権派のアジア観は、かなり複雑であるが、一八八二年ころをとってみれば、基本的には連帯の論理につらぬかれていたといえよう。一八八一年に西園寺公望・中江兆民らは、民権運動の機関紙を創刊し、それを「東洋自由新聞」と名づけた。それは、かれらが、「我日本国民自由の権を亢張し延《ひ》いて東方諸国に及ばんと欲」したからであった。かれらは、アジア全体の自由の回復を究極の目標としていたことになる。政治青年だったころの北村透谷は、一時は「憐む可き東洋の衰運を恢復す可き一個の大政治家とな」ろうと思ったほどであった。

政府がわのアジア政略はこれとはことなっていた。政府は、清国と全面的な戦争を行なう決心がつかず、それだけにまだ自己抑制的なようすをみせていた。しかしその基本的な態度はもうきまっていた。軍備拡張は年々つづけられていた。それだから朝鮮を支配しようとする政府がわの欲望は、一八九〇年に第一帝国議会がひらかれたとき、首相山県有朋のいわゆる主権線と利益線論となってあらわれてくることとなった。山県はそのとき、国家の自衛のためには主権線を「守禦」し、利益線を「防護」することが必要だとのべて、事実上、朝鮮を支配することを合理化しようとしている。

こうしたなかにあって福沢のアジア政略は、自由民権派のそれとはまったくことなっており、政府のそれよりもいっそう強硬でさえあった。かれは、山県が主権線、利益線論をとなえる三年まえに、はやくも、ほぼおなじような議論を「時事新報」紙上に展開し、防禦線のいちばん近いところを朝鮮にすべきだと論じている。

福沢は、このようなアジア観を、一八八五年に「時事新報」によせた論説「脱亜論」でまとめている。「脱亜」というのは、アジアを脱するという意味である。

それによると、日本は「一切万事西洋近時の文明を採り」、ふるい慣習・制度をうちこわしたばかりでなく、アジアのなかにあって新機軸をひらいた。その主義とするところは「脱亜」である。日本の国土は、アジアの東のはしにあるけれども、その国民の精神は、すでにアジアの「固陋《ころう》」をぬけだして、西洋の文明にうつった。ところがここに不幸なのは、隣国に中国と朝鮮という国があって、あいかわらず儒教主義にもとづいて、改進のみちを知らず、「古風旧慣に恋々」としていることである。このままの状態では、この二国は数年をでないで亡国となるであろう。

このようなわけで、隣国の中国・朝鮮は、日本のたすけにならないばかりでなく、かえって西洋から日本がつまらぬ誤解をうけるもとをつくってもいる。この二国の政府が専制主義をとっていれば、西洋人は、日本もその同類と思うであろう。これはたとえてみれば、一村一町内の者どもが、おろかで無法で残忍なときには、そのなかの一家人が正当なことをしても、すっかりおおわれてしまうのとおなじである。日本の外交上も大へん不利なことで、わが国の一大不幸というべきである。

だから日本は、これらの国々とともにアジアをおこすなどとは考えず、むしろその仲間からぬけだして、西洋の文明国と行動をともにすべきである。「其支那朝鮮に接するの法も、隣国なるが故にとて特別の会釈《えしゃく》に及ばず、正に西洋人が之に接するの風に従て処分す可きのみ」。

福沢はこのようにのべてきて、中国・朝鮮を「悪友」といい、「我れは心に於て亜細亜東方の悪友を謝絶するものなり」とむすぶのであった。

道理感覚の喪失

アジアの一国であるべきか、欧米の一国となるべきかという問題は、福沢にあってはこのようにこたえられた。「脱亜論」の主張は、欧米列強の陣営に日本も加わって、アジアの分割におくれをとるなということであった。ここには露骨な力の論理だけがめだっていて、道理の感覚は失われている。かつて『学問のすゝめ』初編のなかで、かれはつぎのようにのべていた。

理のためにはアフリカの黒奴にも恐入り、道のためには英吉利《イギリス》・亜米利加《アメリカ》の軍艦をも恐れず、国の恥辱とありては日本国中の人民一人も残らず命を棄てて国の威光を落さざるこそ、一国の自由独立と申すべきなり。

「理のため」「道のため」ということばにあらわれているように、そこでは、道理は力に優先していた。しかしそういう日は、福沢にあってはもはやすぎ去ってしまった。かれはつぎのようにいうようになる。

圧制を悪《にく》むは人の性なりと云うと雖も、人の己れを圧制するを悪むのみ。己れ自から圧制を行うは人間最上の愉快と云うて可なり。

そのことは、福沢が、いわば普遍的な価値への情熱を失ったことである。かつてのかれにとって、「文明」はいわば普遍的な価値であった。その「文明」と実際の日本とを、かれはたえず対比しつづけた。理念としての文明と日本の現状は、かれにあってはつねに緊張関係にあった。その緊張感が、『学問のすゝめ』『文明論之概略』をはじめとする格調のたかい著述を生みださせたのである。すなわちそのころの福沢には、時間的にはなにか永遠なもの・空間的にはなにか普遍的なものを追い求めようとする姿勢があった。しかしいまは、現実のほうにほとんどべったり身をよせてしまっているのである。

福沢が規範として日本社会を照らしだすのに有効にはたらいた「文明」は、こんどはかれをとらえているのであった。封建秩序からの脱走をめざしていたかれにとって、文明＝欧米列強のすがたはあまりにも圧倒的であったため、かれは、文明化＝資本主義化＝西欧化というコース以外を構想できなかった。かれは、かつて西欧社会に接して文明という観念をつかんだのであったが、こんどは文明という普遍的な価値を、西欧という個別社会にかさねあわせてゆくこととなった。かれにあって、文明開化にかわって富国強兵がそのスローガンになったのは、そのような転化をあらわしている。理念としての「文明」に、欧米列強をかさねあわせることによって、かれは、西欧化におけるアジアでの優等生のみちをめざしはじめたのであった。

日清戦争観

戦争へのみち

「日清戦争など官民一致の勝利、愉快とも難有《ありがた》いとも云いようがない。命あればこそコンナ事を見聞するのだ。前《さき》に死んだ同志の朋友が不幸だ、ア、見せて遣《や》りたいと、毎度私は泣きました」とは、『福翁自伝』における福沢諭吉のことばである。第二次大戦ののち、民主主義の大先達としての福沢にたいする関心がたかまり、その研究がさかんになったころ、そのような民主主義者である福沢が、戦争をかくも全面的に支持していたという点が、研究の焦点の一つとなってきた。

しかしこれまで観察してきたところよりすれば、福沢が日清戦争に熱狂的な感激をあじわったその必然性は、よく理解されるであろう。富国強兵を目的とし、その目的のために官民調和とアジア政略を説いてきたかれにとって、日清戦争は、その総決算という意味をもっていた。その日清戦争は一八九四年から九五年にかけてたたかわれた。

福沢が日清戦争を考えるようになったのは、じっさいの開戦に先立つこと二年の一八九二年七月のことであった。すでにのべたように、この年二月に第一次松方内閣によって行なわれた第二回総選挙は、内相品川弥二郎らによる苛烈な干渉にもかかわらず、依然として民党の勝利をもっておわった。そのため五月に開会された第三議会では、予算案は一時宙にまようありさまとなった。こうした情勢をみて、官民調和論者の福沢は、政府のために救済策を考えた。その救済策が朝鮮政略だったのである。

福沢は「一大英断を要す」という論説を「時事新報」によせて、ほぼつぎのように論じた。それによれば、明治維新の直後に、木戸孝允が朝鮮への出兵をはかったことがある。それは、戊辰《ぼしん》戦争がおわったあと不平の気のうずまく兵隊たちの鋒《ほこ》を、外へそらせようとするためであった。そのときの木戸の考えは、「朝鮮罪なしと雖《いえど》も、内の治安の為めには換《か》え難し」というのであった。このように「内の人心を一致せしむる為めに、外に対して事端を開くは、政治家の時に行う所の政略にして、西洋諸国に其例あ」りとして、福沢は、朝鮮政略をつよく主張した。

その朝鮮政略とは、日本人を送って朝鮮の軍備・財政・郵便・電信・汽船・鉄道の改革を指導したり、公私の資本を朝鮮政府に貸したり、「我国に溢《あふ》るる無数の貧民を其地に移して耕作に従事せしむる」ことなどであった。こうして「我日本国をして朝鮮文明の先導者たらしめ」ることは、わが国の「義務」である、とまで福沢はいい切っている。そのかぎりかれの主張は、ただちに戦争をもとめるものではなかったが、ほかの国とのあいだに軍事的なトラブルのおこることはもとより予想していた。こういう情勢つまり対外的な緊張をつくりだすならば、「国中の人心は自から此一方に傾て他事を思うの暇なきに至る可し」と、かれは期待した。

こうして福沢は、ほとんどもっぱら国内的な理由から朝鮮政略を主張した。この態度はそののちもかわっていない。

戦争の勃発

一八九二年七月、第一次松方内閣はついに辞職し、そのあとに第二次伊藤博文内閣が、いわゆる元勲をあつめて成立した。内務井上馨・陸軍大山巌・司法山県有朋・農商務後藤象二郎・逓信黒田清隆という顔ぶれのものものしさは、政府としては総力をあげて議会と対決しなければならなくなった状況を反映していた。じじつ藩閥最後の一戦ともいわれた。

しかし元勲の威力も、数のまえにはほとんど無力であった。伊藤内閣は、第四・第五議会と重大な困難に直面することとなる。第四議会は、政府の予算案に大削減をくわえるとともに、内閣を弾劾《だんがい》する上奏文を可決しさえした。政府は、この危機を、天皇に詔勅をだしてもらってかろうじて切りぬけたが、第五議会の危機にさいしては、解散を宣言しなければならなかった。

そのとき福沢は、ふたたび、政府に東洋政略を行なって、国内の人心を外に向けさせるように論じ、そののちにも同様の論議をくりかえしている。このようにかれは、政府が危機におちいるたびに、朝鮮侵略論をひっさげて、政府のために援護射撃をこころみたのであった。

政府もおくれをとるものではなかった。初期議会のころの政府の軍事予算は、とりわけ海軍の拡張＝軍艦の建造をめざすものであったが、それは、防衛でなく攻撃がひそかに日程にのぼってきていたことを示している。第四議会にたいしてだされた詔勅は、ふつう和衷協同《わちゅうきょうどう》の詔勅といわれるものであって、政府と協力するよう議会に命じるとともに、官吏にたいし向こう六年間、製艦のため俸給の一〇分の一を献上するよう指令している。

それだけに一八九四年五月に、朝鮮に東学党の乱がおこり、朝鮮が清国に援兵をもとめたことは、日本が朝鮮へ出兵するための絶好の口実をあたえることとなった。東学党というのは、西学すなわちキリスト教に対抗してつけられた名称であって、宗教的なよそおいをこらした農民革命の集団であった。その目標は、政府の圧制反対・地主や高利貸反対・日欧米の侵略反対の三つから成っていた。朝鮮政府はそれを鎮定できず、清国政府に援助をもとめたのであった。

一八九四年六月、清国が日本に出兵を通知してくると、日本は間髪《かんぱつ》をいれず朝鮮へ軍隊を送り、大本営をもうけた。そのころイギリスは、極東でロシアと対抗するために日本の力を利用しようとして、日本に好意的な態度をとりつつあった。条約改正に、かつてはもっとも乗気でなかったイギリスは、このころには率先《そっせん》して、治外法権の撤廃をみとめようとしていた（七月に条約締結）。それが日本政府を勇気づけた。こうして七月末より日本は清国軍とたたかいをはじめ、八月一日に宣戦を布告した。

開戦にさいして福沢は、「京城駐在の日本兵は恰《あたか》も文明開化の番兵」とのべて、政府の行動を全面的に支持した。それまで政府と対立していた議会は、開戦とともに反政府の立場をかなぐりすててしまった。第七議会は、その年一〇月一八日に開会したが、はやくもその翌一九日に、衆議院は臨時軍事費予算案一億五千万円を全院一致で可決して、官民調和ぶりを示した。一億五千万円といえば、その年の経常予算八千九百万円の二倍ちかい巨額にあたっている。福沢はもとより、議会のこの協力ぶりを、「官民一致の端緒を開きたる一大吉兆」と手ばなしでよろこんだ。

文野明暗の戦

開戦の前後、すでに還暦を迎えようとしていた福沢は、大いにはりきり、連日出社しては社説の筆をとった。「時事新報」によせた社説の数は、一八九四年のはじめころにはかなり減っていたのが、みるみるもりかえし、創刊当時の意気ごみをしのばせるものがあった。かれのものした社説や文章は、一八九四年の一月には一二本、二月には五本、三月には一六本、四月には一〇本、五月には一四本であったのが、六月には二三本、七月には二六本、八月にも二六本と激増している。

これらの主張の根底にあったのは、日清戦争は「文野明暗の戦」であるという認識であった。「文野」というのは文明と野蛮を意味し、「明暗」は開明と暗黒であるといえよう。すなわちかれによれば、日本は文明の名において清国とたたかったのであり、その意味において、清国を屈服させることは、「世界文明の大勢が日本国に委任したる其天職」とまでいわれた。ここには日清戦争が神聖なたたかいとされていた。

文明の名におけるたたかいは「改革」をともなわなければならぬ。その改革の方法について福沢がのべていることは、なかなかに興味ぶかい。

国事改革の運動、彼等の身に慣《まぬ》れずして苦痛を覚ゆることもあらんなれども、苦は楽の種なり、今日の不愉快は彼等が他年亡国の惨状を免かるるの代価なりと観念せしめて、無遠慮に断行するの外ある可らず

1891年ころの慶応義塾表門（旧島原藩の黒門がそのままつかわれていた。校舎も大名屋敷をつかっていたが，この年大はばに建てましている）

（中略）。干渉又干渉、深き処にまで手を着けて、或は叱り、或は嚇《おど》し、或は称讃し、或は恵与し、恰《あたか》も小児を取扱うが如く、虚々実々の方便を尽して臨機応変、意の如くす可きのみ（「朝鮮の改革その機会に後るゝ勿《なか》れ」、一八九四年一一月）。

わたくしは、福沢の日清戦争論をよむたびに、今日のアメリカのベトナム戦争を思いおこさずにはいられない。「文明」を「自由世界」と読みかえ、朝鮮政府を南ベトナム政府とおきかえるなら、その類似はおどろくべきものがある。

この「神聖」なたたかいを支持するために、福沢は、「時事新報」によせた論説や漫文《まんぶん》で、日本人の敵愾心《てきがいしん》をあおるとともに、軍費の寄付にも力をつくした。宣戦布告のまえの七月二五日、日本海軍は、豊島沖で清国艦隊を攻撃して勝利をおさめたが、そのニュースが達したとき、時事新報社では社員一同が、東京・新橋の花月楼で祝宴をひらいた。めったに宴会にはのぞまなくなっていた福沢も、この会合には出席して、祝盃をあげて大いに気焔をあげ、さっそく「時事新報」に、「大に軍費を醵出《きょしゅつ》せん」という社説を発表した。

もともと福沢は、寄付など大きらいなほうであったが、このときばかりは別で、率先して寄付金あつめに着手した。かれは、三井八郎右衛門・岩崎久弥・渋沢栄一・東久世通禧ら富豪・華族と名をつらねて、寄付運動を発起して、報国会をつくっている。ちょうどそのとき政府は、軍事公債をつのる計画を発表したので、報国会の会員たちは、寄付を公債の応募にふりかえようとし、報国会は解散してしまった。福沢は、寄付と公債に応募することは別問題だと、解散に反対したがおよばなかった。そこで福沢は、「時事新報」が国民の寄付をとりつぐむねを公告するとともに、みずからは一万円を寄付した。こういう熱烈な支持ぶりのため、「時事新報」は海軍の御用新聞かとの評判をとるほどであった。

その福沢に指導される慶応義塾の学生たちは、日清戦争につよい関心をいだいていた。一八九四年一一月に旅順が陥落《かんらく》したとき、かれらのよろこびはほとんど頂点に達し、教職員と学生は、手に手にたいまつをかざして、三田から宮城まえまで大行進を行なった。そうして宮城まえで万歳を三唱したのち、銀座通りを三田へかえった。そのとき一行がうたった行進歌は、塾長小幡篤次郎がつくったものであるが、福沢の日清戦争観をよく示していた。その一節に

文と不文は雪と炭　　長き和合の望《のぞみ》無し
早晩《いつか》一度は血の雨を　　降らして晴るる時ありと
思いし機会廻り来て　　野蛮を懲らす文明の
軍《いくさ》の前に敵はなし　　陸《くが》も海原《うばら》も伐《う》ち靡《なび》け
文明軍の旗蔭に　　頼《よ》り来る人を愛《いつく》しめ

(この項は石河幹明著『福沢諭吉伝』第三巻によった)。

しかし戦争が勝利のうちにすすみ、年もあらたまって一八九五年を迎えると、福沢は、「文明化」の目的がなんであったかを、露骨に表現しはじめるようになる。その年一月にひとに送った手紙のなかで、かれは、ほぼつぎのようにのべている。

朝鮮へ五百万円の金を貸す云々は、固より老生等の大賛成なり。彼れに金を貸すは、即ち諸外国をして今後喙《くちばし》を容れしめざるの一策（中略）、兎《と》に角に、朝鮮政府の如何に拘《かか》わらず、朝鮮と名《なづ》くる国土人民を抵当にして貸すこととなり（中略）。首丈けの借金を背負せて彼の政府を制し、併《あわ》せて諸外国の物論を防ぎ度事に候。

自利の為めなり

福沢が期待したように、政府は朝鮮に三〇〇万円を貸した。そこで福沢は、それまで神聖化されていた戦争目的の本音をいっそうはっきりとうちだしてゆく。かれはいう。日本は、その「助力」にたいする報酬をもとめなければならない。なぜならば日本の行動は、義侠ではなくして「自利の為め」であるから。そうして朝鮮を開発して、それを日本の好市場にしなければならない、と。

戦争は比較的簡単に日本の勝利となった。一八九五年三月二〇日には、日清両国のあいだに講和談判がはじめられ、三〇日に休戦条約がむすばれ、四月一七日には講和条約いわゆる下関条約が調印された。その条件は、朝鮮の「独立」の承認（これは、実質的に朝鮮を清国の支配からぬけださせたことを意味する）、遼東《りょうとう》半島・台湾・澎湖《ほうこ》諸島の割譲、賠償金二億両《テール》（約三億六千万円）の支払いなどであった。このほか清国は、日本にたいして沙市《さし》など四港市をひらき、日本人が清国開港場で自由に商工業に従事する権利をみとめた。この勝利によって、日本を欧米列強の一員にしたいという福沢の年来のねがいは、みごとにかなえられたことになる。

日清戦争の場合には、日本国内では戦争反対の運動はなかったといわれる。たしかにごく少数のキリスト教徒をのぞいて、反戦運動はなかった。しかしわたくしは、戦争支持に二つの立場があったことに注目したい。

その第一は、この戦争をもって、ねむれる中国をめざめさせるためのものとする立場からの戦争支持である。その立場をとったのは、そのころ国粋主義者とよばれた人びとや内村鑑三であった。かれらは、アジアは一つと考えていた。しかしそのためには、中国をめざめさせなければならない、日清戦争はそのための戦争であるとした。そのかぎりで、かれらの戦争支持には、どこかにためらいがあり、第二のタイプの戦争支持者にたいして消極的な態度をまぬかれがたかった。

内村鑑三はのべている。「東西両洋の仲裁人、器械的の欧米をして理想的のアジアに紹介せんと欲し、進取的の西洋をもって保守的の東洋を開かんと欲す、これ日本帝国の天職と信ずるなり」(「日本国の天職」、一八九五年)。そこには、アジアへの連帯意識をたもちつつ、日本をふくめてアジア全体の文明化をめざそうとする意識がみられる。

これにたいして第二のタイプの戦争支持論は、福沢のように「文野明暗の戦」とするものであって、これはむしろ戦争推進者の論理であった。日清戦争当時の外務大臣であった陸奥宗光は、その外交をかたる著述として『蹇蹇録《けんけんろく》』をのこしている。そのなかでかれは、この戦争の原因を「西欧的新文明と東亜的旧文明との衝突」ととらえている。こういうとらえかたにたつかぎり、「新文明」の代表者はあくまでも意気揚々としており、「旧文明」にたいしてなんらの同情をももたなかった。かつて福沢が「外交論」でのべたとおり、それは「良餌《りょうじ》」でしかなかったであろう。そうして日本の国家進路は、この後者によって主としておしすすめられていったのであった。

戦後の新情勢

日清戦争は、国際的にも国内的にもあたらしい情勢をひらいていった。国際的には、中国はあらためて列強による分割の対象とされるようになった。

下関条約の直後に、ロシア・ドイツ・フランスの三国は、遼東半島の清国への返還を日本に勧告した。このいわゆる三国干渉を日本がうけいれると、ロシアは旅順大連湾を、ドイツは膠州湾《こうしゅうわん》を、フランスは広州湾をそれぞれ租借し、イギリスも威海衛を租借した。そのうえ列強は、鉄道利権をあらそって、その勢力を中国の中央部までのばそうとした。また清国は、日本への償金を支払うため、列強から借款をもとめなければならず、その従属性はますますふかまっていった。

それとともに日本でも、清国の分割に参加することが、当然に論題となった。福沢は、はやくから列強の分割競争におくれをとらないように警告していただけに、「所謂《いわゆる》弱肉強食こそ国交際の真面目《しんめんぼく》」とのべて、侵略を露骨に支持し激励した。かれによれば、「甘き汁の独占を許さず」との決心が必要なのであった。

こうして列強が清国分割競争にはいったとき、極東では、南からのイギリスと北からのロシアの対立は、いっそうぬきさしならぬものとなった。イギリスは、新興国としての日本を評価し、日本に好意的な態度をみせることによって、ともにロシアにあたらせようとした。

それでは日本国内の意見はどうであったか。一九世紀から二〇世紀への世紀のかわり目の、それは日本政界の一つの争点となっている。ロシアとむすぶか、イギリスとむすぶか、結局、日本は一九〇二年に日英同盟をむすび（そのことは、イギリスが伝統的な孤立政策をすてたことでもあった）、一九〇四年には日露戦争に突入してゆくこととなる。

この問題にたいしては、福沢は、断乎としてあたらしい仮想敵国はロシアであるとのべた。かれは、日清講和のすぐあと、一八九五年六月に「日本と英国との同盟」という論説を発表して、ロシアに対抗して日本とイギリスが共通の利益のために同盟すべきだと論じた。この論説は、日英同盟論としても初期のものである。

日清戦争によって、ともあれ日本は強国となった。福沢の課題の一つであった「強兵」は達成されたことになる。それではもう一つの課題である「富国」はどうか。それもまた、日清戦争後に展開された第一次産業革命によってひとまず達成されるといえるであろう。清国からの償金をもととして、日本は、軍備拡張と金本位制の確立を行なっていったのである。

こういう状況の出現を、福沢は大いなる満足感をもって迎えた。一八九六年の元旦にかれが「時事新報」によせた社説は、「商工業万歳」の歓声にみちていた。しかしその「商工業万歳」の戦後経営は、増税へのうごきを急ならしめていった。その意味で一八九六年は、増税の叫び声とともにあけた年でもあった。すでにみたように、福沢は、折あるごとに増税の必要性を強調してきた。その増税とはおもに地租増徴であったから、それは、農民から収奪しつつ、商工業を発展させてゆこうとする論議であった。しかしこのときかれは、もう一つの財源を強調している。それは酒税であった。そうしてかれのいう酒税とは清酒税であって、金持が清酒を、貧乏人が濁酒か焼酎をのめば、酒税の増徴は大衆課税にならないと、かれはいっている。

第一次産業革命は軽工業の面で行なわれた変革であった。重工業の発達はいまだしといってよかった。その最大の指標となるのは、八幡製鉄所であるが、同工場は、一八九七年に建設に着手され、一九〇一年に操業を開始している。福沢は、一八九五年以来、製鉄所の設立を論じてきて、「工業立国」の必要性を強調している。それまでかれは、ながく「尚商立国」ということばをつかってきた。それが、日清戦争ののち「工業立国」へとかわるのであった。

日本は商売を以て立てざる可らず、否な、工業を以て国を立てざる可らず。工業発達せざれば商売繁昌せず、商売繁昌せざれば富国の実を見る可らず、富の本は工業に在り（「鉄工事業に着手す可し」、一八九七年）。

晩年の思想と生活

労働問題観

富国強兵をスローガンとしてきた福沢諭吉は、こうして日清戦争ののちは、ほとんどまったく資本家階級の立場にたつようになった。いや、「文明」を規範としてのかれの奮闘的な生活は、もともと日本の資本主義化のためのたたかいであったともいえるのであったが、その資本主義化のために、かつて封建的なものの排除をさけばなければならなかったかれは、ここでは支配者としての資本家階級の立場を、いよいよはっきりとうちだすようになっているのである。

福沢晩年の散歩すがた
（朝はやく，よくこのようなかっこうで，慶応義塾の学生をつれて散歩した）

支配者としての資本家階級の自覚は、労働者階級にたいする階級的な自覚としてあらわれている。その労働者たちの階級的なめざめは、日清戦争後の第一次産業革命の過程で急速にたかまりつつあった。石川三四郎編・幸徳秋水補『日本社会主義史』（一八九七年）は、「日清戦争が資本家を誘うて階級的自覚に入らしめたる」ことを指摘し、あわせて「日清戦争終結を告げて、社会運動の舞台は開かれぬ」とのべている。一八九七年には労働組合期成会が、片山潜らによってつくられた。

資本家の立場にたつものとしての福沢には、労働者階級にたいする恐怖の意識は、ごく早期からあらわれている。一八八三年のころ、かれは、「富豪の進歩を妨《さまたぐ》る勿《なか》れ」「金満家奮えよや」などの論説をあらわして、資本家階級の成長をまちのぞんでいたが、その一方では、はやくも「社会党虚無党共産党」などに眼を向け、それらにたいするヨーロッパ諸国政府の対策を注視したのであった。そのときのかれは、労働者階級が出現する必然性をみとおしており、あわせて、かれらが資本主義社会の変革をめざすであろうことを予測していた。

それだけに福沢は、そのような階級対立をあらゆる手段をつくして予防しようとする。かれが「時事新報」によせた論説には、「貧富論」（一八八四年）「貧富智愚の説」「富豪維持の説」、ふたたび「貧富論」（一八九一年）などがふくまれていて、それらは、題名を一覧するだけでも、階級対立についてのかれの関心のふかさをものがたっている。労働者階級にたいして日本の資本主義は、ごく早期から対決・抑圧の姿勢をとったとされているが、その論理は、福沢諭吉の思想をもつらぬいていたわけである。

資本主義社会をまもるために、福沢は、こうしてさまざまの方策をすすめてゆくことになる。その第一は、宗教をアヘンとして利用するという方策であった。かれは、その熱意のあまり、社寺の経済的な基礎をかためるために、それらに富くじの興行をゆるすようにとさえのべている。第二は、初期の教育思想とは逆に、一般人民を無智蒙昧《もうまい》にとどめておこうとする方策であった。「最も恐る可きは貧にして智ある者」ということばは、そうした認識をまごうかたなく示している。かれの私立学校主義は、本来は国家権力による教育の統制に反対するものであったが、やがて父母の資力に応じて教育はあたえらるべきものという富人教育へと重点をうつしてゆくのであった。

第三の方策は慈善のすすめであった。福沢は、資本家階級にたいして、貧民を挑発するような嬌奢《きようしや》をつつしんで慈善を行なうようすすめている。とくに一八九六年の三陸の津浪《つなみ》のさいなど、いまこそ慈善を行なう「得難き好機会」であると、富豪たちを激励したほどであった。第四の方策は、主従道徳の温存である。一八九七年に職工条例が問題となったとき、かれは、「我雇主と雇人とは恰《あたか》も主従の観を成して」「一種の美風」があるから、そのような条例は不要であると論じている。そうして第五は、官民調和をいっそう声高に主張することであった。「苟《いやしく》も当局者の処置とあれば、一より十まで賛成」して「上下奉公の心を一にしたる」日清戦争の官民一致は、福沢にとって甘美な想い出であった。その想い出にひたりつつ、かれは、「万事当局者に一任し、国民は傍より其為す所を翼賛せんこと、我等の呉れぐ〳〵も希望する所」とのべていた。

移民と娼婦と植民地

そこには資本のつめたい論理が一貫していた。同様の論理は、福沢の娼婦論にもみることができる。

すでにのべたように福沢は、女性の地位の向上に、生涯をつうじてふかい関心をいだいていた。かれが児童の保護者をさして、父兄といわずに、「父母」といっていることも、男女を同等にみようとする姿勢が、かれにあっては表面上だけのものではなかったことを示している。その観点からかれは将来における妾の絶滅を期待していた。けれども娼婦にたいするかれの考えは、妾にたいするものとはことなっていたのである。

福沢が、さかんに娼婦の問題を論じるようになったのは、日清戦争後のことである。妾については、かれは、存在そのものを攻撃していたが、娼婦についてはかならずしもそうではなかった。それどころか、かれは、娼婦の存在をみとめたばかりでなく、その必要性をさえ説くようになってゆく。

それではなぜ娼婦が必要とされたのだろうか。娼婦は、人間社会には酒・煙草《たばこ》と同様に欠くことのできないものだ、と福沢はのべている。つまり娼婦は、人間の（じつは男性の）本性上必要であるというのが、かれの論旨であった。しかし実際的には、娼婦はもっと直接的な意味で必要とされたのであった。娼婦を論じたかれの論説に、「人民の移住と娼婦の出稼」というのがある。その論説の題名自体が示しているように、「人民の海外移植を奨励するに就て、特に娼婦外出の必要なる」ことが論じられたのであった。

「からゆきさん」は、資本主義日本のかくれた輸出品の一つであった。一九〇〇年、夏目漱石は、イギリス留学の途中、シンガポールで多くの日本人娼婦をみた。

In Singapore, I put up at a Japanese hotel. There I met a lot of Japanese women who are known technically as street-walkers; Poor abandoned souls !

これが漱石の感想であった。しかしその娼婦は、日本人移民のためにも必要であると思われたとき、福沢はためらいなく、娼婦の渡航を主張したのである。

移民が必要とされたのは、いうまでもなく人口問題を解決するためであった。福沢は、一八九六年一月には、人口問題にたいする憂慮をあらわしている。そのころの人口約四千二～三百万、しかも年々四〇～五〇万人ずつ増加しつつあった。人口問題の圧力は、階級対立を激化させる。それをさけるために移民が促進されなければならず、そのときかれは、社会のおそらくもっとも抑圧された存在である娼婦を犠牲とすることに、なんのためらいも感じなかった。

このような被支配階級にたいする冷たさは、そっくりそのまま、あたらしく植民地となった台湾の原住民にたいする政策としてつらぬかれた。そこでは、労働者階級にたいした場合のようなみせかけの温情すらもなかった。

台湾では、あたらしい支配者にたいする抵抗は猛烈をきわめた。この情勢にさいして福沢は、兵力をもって容赦なく掃蕩《そうとう》を行ない、「一切の醜類《しゅうるい》を殲滅《せんめつ》し」、土地もことごとく没収して、「全島挙て官有地と為すの覚悟を以て大英断を行う可し」とのべている。実際、かれは、台湾を内地人の移住地とするために、むしろいったん無人島とすることをのぞんでいたから、政令にしたがわない原住民を、島からおいだすことさえ考えていた。

福沢の主張は、さすがに政府もそのままのかたちでは実行できなかったが、はじめて植民地をえた日本資本主義は、このような政策の強行さえ辞さないという態度を示すのであった。福沢は、徹底的に資本家階級の立場にたっていたから、資本主義が形成されたのちには、それだけ被支配階級にたいしては、徹底的に対立する存在としての自己を示したのであった。

一八九九年、中国にいわゆる義和団の乱がおこった。義和団は一種の秘密結社であって、民族主義的な排外運動をおこしたのであった。一九〇〇年、イギリス・アメリカ・フランス・ロシア・ドイツ・イタリア・オーストリアと日本の八か国は、中国に出兵し北京を占領した。この出兵は北清事変といわれ、日本が帝国主義列強の一員となったことの指標とされている。福沢はもとよりこの出兵を心から歓迎した。

道徳問題への関心

日本の資本主義が急速に帝国主義化していったように、福沢も、その晩年には帝国主義的な思想をいだくようになっていた。しかし道徳問題については、さすがにかつての反儒教的な姿勢をあまりくずすことはなかった。もともとかれの中国・朝鮮への差別意識は、反儒教主義を一本の柱としてもいたのである。そうしてこの反儒教主義をややオブラートにつつんだかたちで、かれは、このころになると、道徳問題にしきりと関心をいだくようになっていった。

福沢が道徳問題へふたたびつよい関心をよせていったのは、かれも寄る年波をかんじて、人生訓のようなものをなにかのこしたかったからかも知れない。それも一つの契機であったろう。しかしもう一つの契機は、かれなりの使命感によってのことであった。『福翁自伝』を、かれはつぎのようなことばでむすんでいる。

私は自身の既往を顧《かえり》みれば遺憾なきのみか愉快な事ばかりであるが、扨《さて》人間の欲には際限のないもので、不平を云わすればマダ〱幾らもある。外国交際又は内国の憲法政治などに就て其れ是れと云う議論は政治家の事として差置き、私の生涯の中に出来《でか》して見たいと思う所は、全国男女の気品を次第々々に高尚に導いて真実文明の名に愧《はず》かしくないようにする事と、仏法にても耶蘇教にても孰《いず》れにても宜しい、之を引立てて多数の民心を和《やわ》らげるようにする事と、大に金を投じて有形無形、高尚なる学理を研究させるようにする事と、凡《およ》そ此三か条です。人は老しても無病なる限りは唯安閑としては居られず、私も今の通りに健全なる間は身に叶う丈けの力を尽す積《つもり》です。

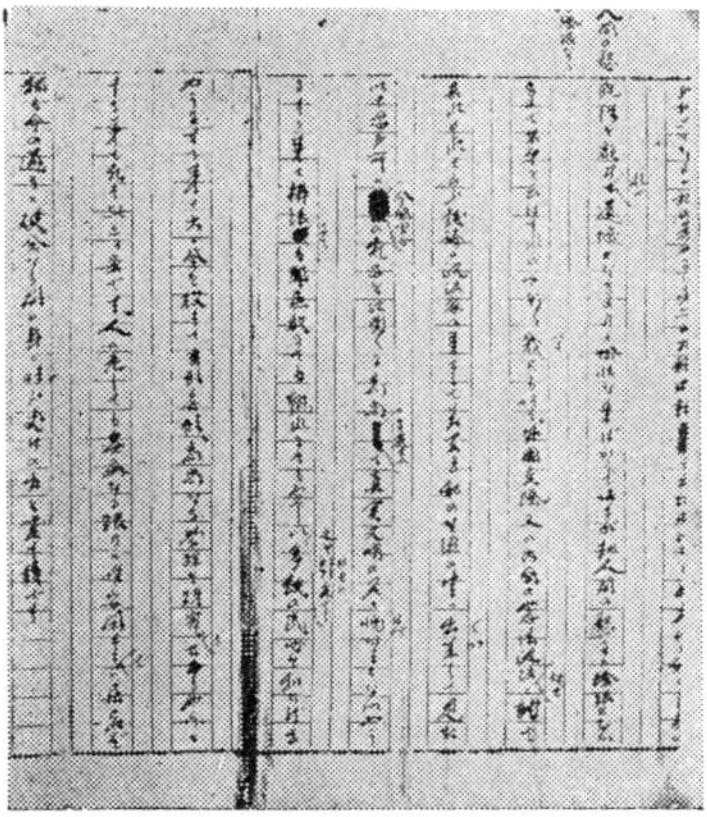
『福翁自伝』原稿，巻末の部分である（この本には英訳もあり， 世界各国の人びとに読まれている）

このように福沢は、自分の守備範囲をさしあたり道徳方面におき、日清戦争後の「大国」日本にふさわしい品格をもつ国民をつくりあげようとしたことになろう。

こうしてものされた著述は、『福翁百話』（一八九七年）・『福翁百余話』（一九〇一年）・『福沢先生浮世談』（一八九八年）・『女大学評論・新女大学』（一八九九年）であって、このほか一九〇〇年に公にされた「修身要領」（門人たちが編纂）も、これに準じるものとみてよいであろう。このうち『福翁百話』は、日清戦争まえに脱稿されていたが、戦争のため公表がおくれたのであった。

　これらの著述は、福沢流の通俗道徳訓話とでもいうべきものであった。門人たちは、福沢の根本思想を「独立自尊」の四字にまとめ、そののちこの文字は福沢の名とながくむすばれることになった。『福翁百話』のうち、いくつかの題目をあげるだけでも、そのことはうかがわれよう。「造化と争う」「一夫一婦偕老同穴」「夫婦の間敬意なかる可らず」「子として家産に依頼す可らず」「成年に達すれば独立すべし」「身体の発育こそ大切なれ」「独立の法」「婦人の再婚」「空想は実行の原素なり」「言論尚お自由ならざるものあり」「高尚の理は卑近の所に在り」などが、それであって、かれとしてはべつだんかわったことをのべているのではないが、道徳のまえにかたくなりがちな人間の心を、おのずとときほぐすものがあった。

　『福沢先生浮世談』（口述筆記）と『女大学評論・新女大学』は、福沢の晩年の女性論である。歯切れのよいかれの文章のなかでも、女性論はことに歯切れがよい。「今の天下の父たる者、天下の所天《おっと》たる者は、如何なる身持して如何なる破廉恥《はれんち》を犯して居るか、先ず第一番に其方に眼を着けて、兎にも角にも西洋文明流の学問をして、女性《にょしょう》全体の権力を回復するの工風こそ大切ではないか。其工風の大本は多妻法を打破る事だ」という調子である。こうしてかれは「女大学」を逐条に批判し、あたらしい女大学を提示している。折しも民法が発布されたころであった。福沢は、それがふるい家族道徳をうちやぶったことをよろこびつつ、あたらしい家族道徳を示したのである。

身辺の整理

そのころ、福沢がこれまで心血をそそいできた慶応義塾は、一つの転機にさしかかっていた。慶応義塾は、一八九〇年より文学・理財・法律の三科より成る大学部を開設していた。これは、日本の私立大学としてははじめて総合大学の体裁をもったものであったが、入学者はまだ少なく、収支はまったくつぐなわず、募集した大学資金をけずってゆくばかりであった。そのため一時は大学部廃止の議論もおこったが、社頭という地位にいた福沢は、これに反対して、多数の意見を存続に決しさせた。

そのために慶応義塾の財政的な困難は、いっそうはなはだしくなったともいえるほどであったが、その苦しみをへて塾は、あたらしい体制へと脱皮していったのである。すなわち一八九八年には、大規模な学制改革を行なって、幼稚舎六年・普通部五年・大学部五年計一六年の一貫した教育課程をうちたて、大学部を慶応義塾の中心とした。その一方では、塾を維持するための基本金の募集に着手し、さらに大学部の教員を養成する目的で、苦しい財政のもとから、留学生を欧米へ派遣した。

このように慶応義塾が、新生のための転換をとげつつあったころ、福沢は、ようやく老いを感じるようになったようである。四〇年来の自分の著述をとりまとめて、全集として刊行しようとした。自分の著述とはいえ、つぎつぎとだすばかりで、主人公はそれをとりそろえておくのに一向に無頓着だったとみえ、「何時しか蔵書四散して其半を留めず、余儀なく使を旧知人の許に馳せ、或は借受け或は貰受《もらいうけ》などして漸《ようや》く全部を取揃え」て、一八九七年に、自分の著述生活のすぎこしかたをふりかえり、さらに作品の一々に解説をくわえて、「福沢全集緒言」として「時事新報」に発表し、ついで単行本とした。この書物は、日本近代文明史をかたる興味ぶかいエピソードにみちている。その翌年に、かれは『福沢全集』全五巻を刊行した。そののち福沢の全集は、『福沢全集』一〇巻、『続福沢全集』七巻とつづき、今日の『福沢諭吉全集』二一巻にいたっているが、五巻本は最初の、しかもかれの生前における全集であった。

つづいて福沢は、自叙伝である『福翁自伝』に着手した。一八九七年の秋ころから、福沢は、速記者の矢野由次郎をよんで、自分の口述を筆記させていった。一回およそ四時間くらいをついやし、矢野がこれを浄書してさしだすと、福沢は、きわめて綿密にこれに加筆・訂正していった。こんな作業が半年あまりもつづいて、一八九八年五月に脱稿した。この著述は、福沢の著述中口語体をとったほとんど唯一のものであり、わが国の自伝文学の傑作中の傑作である。生まれてから明治維新ころまでがくわしく、そのあとはきわめて簡略化されている。

こうした一方、福沢は、九人の子どもたちに『福翁百話』の原稿をわかちあたえた。『百話』の原稿を一〇巻にわかち、長子の一太郎には第一巻と第一〇巻をあたえ、その他は、捨次郎・里・房・俊・滝・光・三八・大四郎に長少の順にしたがって、第二巻から第九巻までをわかちあたえている。

発病と死

『福翁自伝』は、一八九八年七月一日から「時事新報」に掲載されはじめ、翌九九年二月一六日におよんだ。その連載の途中、九八年九月二六日に、福沢は脳溢血の発作におそわれた。見舞客が門前に市をなすなかで、かれは一時は危篤状態におちいったが、しだいに回復をみせはじめ、一二月には回復祝賀の会をもよおすまでになった。

この病気のつねとして、福沢は、一時はいろはも忘れてしまったほどであったが、その記憶力は急速に回復していった。それとともに、一八九九年（明治三二年）三月ころには、りっぱに字を書くこともできるようになって、しばしば依頼者のために揮毫《きごう》しはじめた。病後の揮毫をそのまえのから区別するため、「明治卅弐年後之福翁」という印をほらせて、これを用いた。しかし食物の好みはまったく一変し、酒・煙草はもちろん肉類まできらうようになり、そばを主食としはじめた。

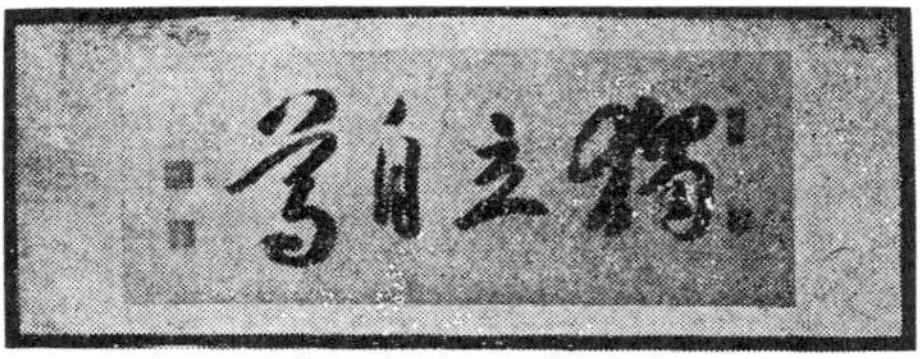
「独立自尊」の書（病後の筆蹟である）

こんななかで、一九〇〇年に「修身要領」が発表されると、その反響はすこぶる大きく、各紙はそれぞれ論評をくわえた。福沢は、「修身要領」の趣旨をひろく知らせるために、慶応義塾の主だった人びとを各地に派遣して、巡回講演させた。その年五月、福沢が多年著訳教育につくしたかどをもって、皇室から五万円を下賜《かし》され、福沢は、ただちにこれを慶応義塾の基本金に寄付した。
翌年一九〇一年は二〇世紀の第一年にあたっている。一九〇〇年の大晦日に、福沢は、慶応義塾世紀送迎会にのぞみ、「独立自尊迎新世紀」と大書した。翌年早々に「時事新報」には、「瘠《やせ》我慢の説」と「明治十年丁丑《ていちゅう》公論」という二つの論説が発表された。「明治十年丁丑公論」は一八七七年に、「瘠我慢の説」は一八九一年にそれぞれ執筆されたものであって、長くひとには示さなかったのを、公表したのである。「明治十年丁丑公論」

は、西南戦争における西郷隆盛の立場を論じて、「日本国民抵抗の精神を保存」しようとした著述であり、「瘠我慢の説」は、旧幕臣の勝海舟と榎本武揚が、明治政府に出仕したその進退を批判した著述であって、とかく拝金主義との評判をえていた福沢のべつの面を示すものとして、大きな反響があった。

しかし福沢は、一九〇一年一月二五日にふたたび発病、二月三日に死去した。満六六歳であった。発病以来死去までの見舞客は一三三五人におよび、その他書翰・電報三二九通がかれの安危を気づかった。死去の知らせがひろがるとともに、来弔者・弔電・弔書はひきもきらず、また衆議院は、二月七日、満場一致でこの巨人にたいして哀悼《あいとう》を決議した。

葬儀は二月八日、東京・麻布山元町の善福寺で行なわれた。三田の自宅を出棺してから式場まで棺にしたがったひとは、一万五千人におよんだ。式は、福沢の遺志によって一切の虚飾を廃し、一基の造花も一籠の放鳥もなかった。法名は大観院独立自尊居士。

福沢諭吉の墓（正面に「福沢諭吉　妻阿錦之墓」また側面に「大観院独立自尊居士」ときざまれている）

式おわって遺体は、東京市外白金大崎村（現在の品川区上大崎一丁目）の浄土宗常光寺に埋葬された。いまかれは、この小さな寺の墓地に、生涯の伴侶であった妻の錦とねむっている。二月三日の命日には、いまなお慶応義塾の学生たちの墓参の列がたえないという。

福沢の死に全国からよせられた弔詞には、無名の婦人からのものが少なくなかった。「宇都宮市、一商婦」は、「このたびの御永眠をうけたまわりかなしきかぎりに御座候（中略）。この上は先生の御遺訓の教を御ひろめ世のために御尽力をひとえに願上候」と書き送り、「片いなかなるしづが家」の一主婦は、「もろ人の悲しみなげきの有様は筆や言葉につくされず（中略）、御えんりょう申可とぞんじ候えども、たえられず拙《つた》なき筆もて御くやみまでになむ」と、短歌三首を送っている。それらは、さすがにこの巨人の死をひそやかにとむらうひとの多いことを思わせた。

福沢諭吉年譜

西暦	日本暦	年齢	年譜	おもな社会的できごと
一八三五年	天保 五年		一二月一二日（西暦では一八三五年一月一〇日）、大阪玉江橋北詰中津藩蔵屋敷で、父百助・母順の次男として出生。父は中津藩士。	
三六	七	一歳	六月、父死去し、一家は藩地の中津へ帰る。	
四八	嘉永元	一三	このころから学問をはじめる。	
五三	六	一八		ペリー来航。
五四	安政元	一九	二月、蘭学に志し長崎へゆく。	日米和親条約。
五五	二	二〇	大阪へでて、三月、緒方洪庵の適塾に入門。	
五六	三	二一	九月、兄病死し、福沢家をつぐ。	
五八	五	二三	一〇月、江戸にでて築地鉄砲洲中津藩中屋敷に蘭学塾を開く（慶応義塾の起源）。	日米修好通商条約、安政の大獄はじまる。
五九	六	二四	英学への転向を決意。	
六〇	万延元	二五	一～五月、遣米使節の従僕としてはじめて渡米。	桜田門外の変。

六一	文久元	二六	この年、幕府の外国方に雇われる。『増訂華英通語』刊（最初の出版物）。中津藩士土岐太郎八の次女錦と結婚、芝新銭座に居をかまえる。	
六二	二	二七	一～一二月、遣欧使節に随従して渡欧。	
六三	三	二八	秋、鉄砲洲中津藩中屋敷内へ移る。このころ、攘夷論さかんのため夜間の外出をつつしむ。	
六四	元治元	二九	三～六月、中津へ帰省。一〇月、幕臣となり外国奉行翻訳方に勤務。	
六六	慶応二	三一	秋、大小二本をのこして刀剣を売り払う。『雷銃操法』巻之一、『西洋事情』初編刊。	
六七	三	三二	一～六月、遣米使節に随行してふたたび渡米、大量の原書をもち帰る。	大政奉還、王政復古。
六八	明治元	三三	四月、塾を芝新銭座に移し、慶応義塾と名づける。八月、幕府より退身し、以後官仕しない。『訓蒙窮理図解』『兵士懐中便覧』刊。	戊辰戦争。
六九	二	三四	一一月、福沢諭吉の名で出版業の自営に着手。	

			『洋兵明鑑』『掌中万国一覧』『英国議事院談』『清英交際始末』『世界国尽』刊。	
一八七〇年	明治 三年	三五歳	五月、発疹チフスにかかる。閏一〇〜一二月、中津へ帰り母をともなって帰京。	
七一	四	三六	三月、慶応義塾を三田へ移し、自身も転居。『啓蒙手習之文』刊。	廃藩置県。
七二	五	三七	四〜七月、上方をへて中津へゆき、中津市学校を視察。『学問のすゝめ』初編、『童蒙教草』『かたわ娘』刊。	学制発布。
七三	六	三八	春夏、スピーチを演説と訳す。暮、明六社の社長におされる（うけず）。『改暦辨』『帳合之法』初編、『日本地図草紙』『文字之教』『会議辨』刊。	
七四	七	三九	二月、「民間雑誌」創刊（翌年終刊）。春夏、三田演説会をはじめる。五月、母順死去。一二月、小川武平くる。この年、楠公権助論の非難たかまる。	自由民権運動おこる。
七五	八	四〇	五月、三田演説館を開く。『文明論之概略』刊。	
七六	九	四一	九月、「家庭叢談」創刊。『学者安心論』刊。『学	

七七	一〇	四二	問のすゝめ』完結。四月、「家庭叢談」を「民間雑誌」と改題（翌年廃刊）。『分権論』『民間経済録』初編刊。『旧藩情』「明治十年丁丑公論」脱稿。	西南戦争。
七八	一一	四三	四月、このころから春日井事件に関係。一二月、東京府会議員に当選（翌月一月辞任）。『福沢文集』『通貨論』『通俗民権論』『通俗国権論』刊。	
七九	一二	四四	一月、東京学士会院の初代会長に当選。『国会論』『民情一新』刊。	
八〇	一三	四五	一月、交詢社結成。六月、「国会開設の儀に付建言」を代筆。	
八一	一四	四六	二月、東京学士会員を辞任。一〇月、政変おこり政府から圧迫される。『時事小言』刊。	明治一四年の政変、国会開設の詔勅。
八二	一五	四七	三月、「時事新報」創刊。『時事大勢論』『帝室論』『兵論』『徳育如何』刊。	壬午の変。
八三	一六	四八	六月、子息の一太郎・捨次郎米国留学に出発。	

			『学問之独立』刊。	
一八八四年	明治一七年	四九歳	一二月、金玉均を保護する。『全国徴兵論』『通俗外交論』刊。	甲申の変。
八五	一八	五〇	三月「時事新報」に「脱亜論」発表。『日本婦人論後編』『士人処世論』『品行論』刊。	内閣制度樹立。
八六	一九	五一	全国漫遊を思いたち、三〜四月東海道に、五月茨城に遊ぶ。『男女交際論』刊。	
八八	二一	五三	一一月、一太郎・捨次郎帰国。『日本男子論』『尊王論』刊。	
八九	二二	五四	六月、東京府参事会員に当選（同月辞任）。九〜一〇月、京阪地方へ家族旅行。	大日本帝国憲法発布。
九〇	二三	五五		帝国議会開会。
九一	二四	五六	六月、『言海』出版記念会に出席をことわる。「瘠我慢の説」脱稿。	
九二	二五	五七	四〜五月、京阪・山陽地方旅行。一一月、北里柴三郎をたすけて伝染病研究所の設立に尽力。『国会の前途　国会難局の由来　治安小言　地租	

			論』刊。	
九三	二六	五八	『実業論』刊。	
九四	二七	五九	二〜三月、墓参のため中津へ帰省。	日清戦争勃発。
九五	二八	六〇	三月、妻・三女とともに京阪・広島へ旅行。一二月、還暦の寿宴を開く。	日清戦争終結。
九六	二九	六一	四月、伊勢参宮。一一月、家族とともに善光寺まいり。	
九七	三〇	六二	一一日、家族とともに京阪・山陽地方に遊ぶ。『福翁百話』『福沢全集緒言』刊。	
九八	三一	六三	九月、脳溢血症を発す。『福沢全集』全五巻『福沢先生浮世談』刊。	
九九	三二	六四	『福翁自伝』『女大学評論・新女大学』刊。	
一九〇〇	三三	六五	二月、「修身要領」発表。五月、皇室より五万円下賜。	北清事変。
〇一	三四	六六	脳溢血症再発のため二月三日死去。『福翁百余話』『明治十年丁丑公論・瘠我慢の説』刊。	
二四	大正一三		妻錦死去。	

参考文献

『福沢諭吉全集』全二一巻　慶応義塾編　岩波書店　昭33〜39

『福沢諭吉伝』全四巻　石河幹明著　岩波書店　昭7

『慶応義塾百年史』全五巻　慶応義塾編　慶応義塾　昭33〜37

以上は福沢諭吉研究の基礎文献である。

『福沢諭吉』（『現代日本思想大系』2）　家永三郎編　筑摩書房　昭38

『福沢諭吉集』（『明治文学全集』8）　富田正文編　筑摩書房　昭41

それぞれ編者の見識において福沢の著述をえらんだもの、とくに後者には詳細な研究文献目録があって便利である。

『福沢諭吉』（岩波写真文庫135）　岩波書店編　岩波書店　昭30

福沢の生涯が視覚的にたどられる。

『白石・諭吉』　羽仁五郎著　岩波書店　昭12

「福沢に於ける『実学』の転回」（『東洋文化研究』三）　丸山真男稿　東洋学会　昭22

『近代精神とその限界』　家永三郎著　角川書店　昭25

『明治の思想』（『服部之総著作集』6）　服部之総著　理論社　昭30（復刊中）

以上は福沢研究の古典ともいうべき労作である。

『福沢諭吉』　小泉信三著　岩波書店　昭41

『維新の精神』　藤田省三著　みすず書房　昭42

『福沢諭吉』　河野健二著　講談社　昭42

以上は最近の代表的な福沢論である。

『日本近代思想の形成』　鹿野政直著　新評論社　昭31

さくいん

【人名】

【雑誌・新聞・論文・書名】

—完—

H

福沢諭吉《ふくざわゆきち》■人と思想21　　定価はカバーに表示

1967年12月5日　第1刷発行©
2016年6月25日　新装版第1刷発行©

・著　者　……鹿野《かの》　政直《まさなお》
・発行者　……渡部　哲治
・印刷所　……法規書籍印刷株式会社
・発行所　……株式会社　清水書院

〒102-0072　東京都千代田区飯田橋3-11-6
Tel・03(5213)7151～7
振替口座・00130-3-5283
http://www.shimizushoin.co.jp

検印省略
落丁本・乱丁本は
おとりかえします。

CenturyBooks

Printed in Japan
ISBN978-4-389-42021-5

Century Books

清水書院の〝センチュリーブックス〟発刊のことば

近年の科学技術の発達は、まことに目覚ましいものがあります。月世界への旅行も、近い将来のこととして、夢ではなくなりました。しかし、一方、人間性は疎外され、文化も、商品化されようとしていることも、否定できません。

いま、人間性の回復をはかり、先人の遺した偉大な文化を継承して、高貴な精神の城を守り、明日への創造に資することは、今世紀に生きる私たちの、重大な責務であると信じます。

私たちがここに、「センチュリーブックス」を刊行いたしますのは、人間形成期にある学生・生徒の諸君、職場にある若い世代に精神の糧を提供し、この責任の一端を果たしたいためであります。

ここに読者諸氏の豊かな人間性を讃えつつご愛読を願います。

一九六六年

SHIMIZU SHOIN

【人と思想】 既刊本

老子	高橋　進
孔子	内野熊一郎他
ソクラテス	中野幸次
釈迦	副島正光
プラトン	中野幸次
アリストテレス	堀田　彰
イエス	八木誠一
親鸞	古田武彦
ルター	小牧　治 泉谷周三郎
カルヴァン	渡辺信夫
デカルト	伊藤勝彦
パスカル	小松摂郎
ロック	浜林正夫他
ルソー	中里良二
カント	小牧　治
ベンサム	山田英世
ヘーゲル	澤田　章
J・S・ミル	菊川忠夫
キルケゴール	工藤綏夫
マルクス	小牧　治
福沢諭吉	鹿野政直
ニーチェ	工藤綏夫
J・デューイ	山田英世
フロイト	鈴村金彌
内村鑑三	関根正雄
ロマン＝ロラン	村上嘉隆 村上益子
孫文	横山　英 中山義弘
ガンジー	坂本徳松
レーニン	中野徹三 高岡健次郎
ラッセル	金子光男
シュバイツァー	泉谷周三郎
ネルー	中村平治
毛沢東	宇野重昭
サルトル	村上嘉隆
ハイデッガー	新井恵雄
ヤスパース	宇都宮芳明
孟子	加賀栄治
荘子	鈴木修次
アウグスティヌス	宮谷宣史
トーマス・マン	村田經和
シラー	内藤克彦
道元	山折哲雄
ベーコン	石井栄一
マザーテレサ	和田町子
中江藤樹	渡部　武
ブルトマン	笠井恵二
本居宣長	本山幸彦
佐久間象山	奈良本辰也 左方郁子
ホッブズ	田中　浩
田中正造	布川清司
幸徳秋水	絲屋寿雄
スタンダール	鈴木昭一郎
和辻哲郎	小牧　治
マキアヴェリ	西村貞二
河上肇	山田　洸
アルチュセール	今村仁司
杜甫	鈴木修次
スピノザ	工藤喜作
ユング	林　道義
フロム	安田一郎
マイネッケ	西村貞二
エラスムス	斎藤美洲
パウロ	八木誠一
ブレヒト	岩淵達治
ダンテ	野上素一
ダーウィン	江上生子
ゲーテ	星野慎一
ヴィクトル＝ユゴー	辻　昶 丸岡高弘
トインビー	吉沢五郎
フォイエルバッハ	宇都宮芳明

平塚らいてう	小林登美枝
フッサール	加藤　精司
ゾ　ラ	尾崎　和郎
ボーヴォワール	村上　益子
カール=バルト	大島　末男
ウィトゲンシュタイン	岡田　雅勝
ショーペンハウアー	遠山　義孝
マックス=ヴェーバー	住谷一彦他
D・H・ロレンス	倉持　三郎
ヒューム	泉谷周三郎
シェイクスピア	福田陸太郎 菊川　倫子
ドストエフスキイ	井桁　貞義
エピクロスとストア	堀田　彰
アダム=スミス	浜林　正夫 鈴木　亮
ポパー	川村　仁也
フンボルト	西村　貞二
白楽天	花房　英樹
ベンヤミン	村上　隆夫
ヘッセ	井手　賁夫
フィヒテ	福吉　勝男
大杉栄	高野　澄
ボンヘッファー	村上　伸
ケインズ	浅野　栄一
エドガー=A=ポー	佐渡谷重信

ウェスレー	野呂　芳男
レヴィ=ストロース	吉田禎吾他
ブルクハルト	西村　貞二
ハイゼンベルク	小出昭一郎
ヴァレリー	山田　直
プランク	高田　誠二
ラヴォアジエ	中川鶴太郎
T・S・エリオット	徳永　暢三
シュトルム	宮内　芳明
マーティン=L=キング	梶原　寿
ペスタロッチ	長尾十三二 福田　弘
玄　奘	三友　量順
ヴェーユ	冨原　眞弓
ホルクハイマー	小牧　治
サン=テグジュペリ	稲垣　直樹
西光万吉	師岡　佑行
ヴァイツゼッカー	加藤　常昭
メルロ=ポンティ	村上　隆夫
オリゲネス	小高　毅
トマス=アクィナス	稲垣　良典
ファラデーとマクスウェル	後藤　憲一
津田梅子	古木宜志子
シュニツラー	岩淵　達治

タゴール	丹羽　京子
カステリョ	出村　彰
ヴェルレーヌ	野内　良三
コルベ	川下　勝
ドゥルーズ	鈴木　亨
「白バラ」	関　楠生
リジュのテレーズ	菊地多嘉子
リッター	西村　貞二
プルースト	石木　隆治
ブロンテ姉妹	青山　誠子
ツェラーン	森　治
ムッソリーニ	木村　裕主
モーパッサン	村松　定史
大乗仏教の思想	副島　正光
解放の神学	梶原　寿
ミルトン	新井　明
ティリッヒ	大島　末男
神谷美恵子	江尻美穂子
レイチェル=カーソン	太田　哲男
オルテガ	渡辺　修
アレクサンドル=デュマ	辻　昶 稲垣　直樹
西　行	渡部　治
ジョルジュ=サンド	坂本　千代
マリア	吉山　登